U0993799

碳中和的逻辑

20位国内外一线专家深度解读碳中和

经济学家圈——编著

中国经济出版社
CHINA ECONOMIC PUBLISHING HOUSE
北 京

图书在版编目（CIP）数据

碳中和的逻辑／经济学家圈编. --北京：中国经济出版社，2022.1

ISBN 978-7-5136-6722-7

Ⅰ.①碳… Ⅱ.①经… Ⅲ.①中国经济-低碳经济-研究 ②二氧化碳-排气-研究-中国 Ⅳ.①F124.5 ②X511

中国版本图书馆CIP数据核字（2021）第225734号

责任编辑　张梦初
责任印制　巢新强
封面设计　卓义云天

出版发行　中国经济出版社
印 刷 者　北京力信诚印刷有限公司
经 销 者　各地新华书店
开　　本　710mm×1000mm　1/16
印　　张　14.5
字　　数　150千字
版　　次　2022年1月第1版
印　　次　2022年1月第1次
定　　价　68.00元
广告经营许可证　京西工商广字第8179号

中国经济出版社 **网址** www.economyph.com **社址** 北京市东城区安定门外大街58号 **邮编** 100011
本版图书如存在印装质量问题，请与本社销售中心联系调换（联系电话：010-57512564）

序 1

绿色金融体系建设需兼顾机制设计和风险防范

屠光绍

全国政协委员

上海交通大学上海高级金融学院执行理事

绿色金融是“十四五”期间金融发展重要的主题之一。如何在中国建立绿色金融体系？笔者认为，绿色金融不是简单地指向具体产品，或是具体行业，它实际上是一个涉及体系建设的概念。绿色金融体系对应的是绿色发展和增长体系，这个体系由多个因素和环节构成。

金融存在的目的，在于服务实体经济、服务经济和社会的发展。之前笔者提出过一个“金融服务域态”的新概念，是指经济和社会有不同的领域，这些领域具有不同的特征，金融服务就是根据不同领域的特征提供有针对性的金融服务和工具，从而形成金融在不同领域的形态、状态，即金融域态，比如科技金融、绿色金融、普惠金融等，这实际上就是金融资源有效利用、金融服务效率提高和金融功能深化的具体体现。笔者认为在“十四五”期间，乃至今后相当长的一段时间，有些金融域态会越来越重要，其中的重点之一就是绿色金融。

接下来，笔者会从绿色金融体系、机制建设、基础支撑和风险防范等四个方面进行简单阐述。

绿色金融具有社会性、外部性、体系性和全球性

第一个问题，如何在中国建立绿色金融体系，也就是确立绿色金融的域态。首先，需要我们认识绿色金融以下几个具体特征：

第一，绿色金融具有社会性。绿色金融不是纯商业性的活动，它具有非常强的社会属性，不仅每个人都离不开，社会发展也离不开。虽然社会性需要与商业运作很好地融合，但如何融合是另外的问题，我们需要首先认识到绿色金融具有很强的社会性。

第二，绿色金融具有外部性。绿色金融的社会性体现为外部性。和其他领域不同，绿色金融的外部性特征非常明显。每个人都想为绿色金融、绿色发展，甚至绿色生活贡献力量，但是由于它的外部性比较强，很多人生怕替别人做了“嫁衣”，从

而望而却步。如果大家都只从自身角度出发，不考虑外部性，那么绿色金融很难实现真正的发展。所以绿色金融的外部性是要建立在社会性之上的。

第三，绿色金融具有体系性。和其他金融域态一样，绿色金融要发展，既需要在战略层面有所部署，具体涉及政府、政策等；也需要在市场层面有所安排，具体涉及参与主体和业态等。譬如怎样推出各类工具和产品。所以，体系性是绿色金融的第三个特征。

第四，绿色金融具有全球性。绿色发展是全球的大趋势，绿色金融是全球的共同需求。目前，国际上已经在建立一套共同的准则和标准，而且也会逐步建立起全球性的评价体系。绿色金融是全球共同的课题，我们不能闭门造车，因为即使做得再好，如果国际不认可，那也是白费。所以，笔者认为，国际准则在国内如何更好地运用，特别是国际先进成熟的经验方法等如何在国内应用，以及中国和国际社会怎么互动，都是需要思考和解决的问题。同时，作为世界第二大经济体，中国是具有重要国际地位的大国，中国绿色金融的发展，无论从理论上还是从实践上，本身就是国际绿色金融发展的重要内容和组成部分。

从这个意义上讲，要建立绿色金融体系，以上四大特征是首先需要理解的内容。

关注宏观核算账户体系和微观市场化机制建设

第二个问题，如何完善绿色金融机制。绿色机制的建立涉及宏观、市场和微观等不同层面，绿色金融发展如果缺乏有效机制，很难实现可持续发展。

在宏观机制层面，核心问题是政府和市场的问题、政策和市场主体的问题。宏观机制的设计不仅包括激励和约束，也包括绿色金融整体运转的标准、评价体系等。笔者认为，首要的任务是针对绿色增长、绿色发展建立起一套绿色的核算体系。现今，我们的GDP核算体系非常完善。同样地，我们也应该围绕绿色GDP，建立起一套绿色核算和绿色账户体系，并在此基础上，建立和健全一套绿色金融考核和评价方法。

在市场机制层面，需要健全绿色金融市场的运行机制（如碳排放交易市场机制等），理顺其中涉及的一系列问题，包括功能、定价、风险管理以及市场基础设施、法规、监管，还需要加快发展中介服务机构等，使市场在推动绿色金融发展中发挥基础作用。

在微观机制层面，要建立与绿色金融相适应的考核和评价机制。微观金融主体涉及信贷、保险、投资等机构，过去这些机构开展业务或进行投资决策时，需要制定一系列财务指标来考虑风险收益。笔者认为，现在同样需要把与绿色金融相关的非财务指标纳入风险收益的评价体系和框架中，这样才能保证微观主体的业务、投资活动真正地可持续发展。投资领域的ESG投资（社会责任投资）就是在做这样的工作。

绿色金融的三大基础支撑：信披标准、评价体系和生态环境

第三个问题，如何夯实包括绿色投资在内的绿色金融的基础支撑。笔者结合ESG投资目前的发展来谈几点内容。ESG是责任投资的专有名词，是三个英文单词首字母的缩写，即环境（Environmental）、社会（Social）和公司治理（Governance）。国内目前在这方面虽然已经有了一些基础，但从目前的发展状况来看，基础还需要再夯实。

第一个基础是信披标准。目前，国内缺乏一套健全的既能反映国际成熟的理念和标准，也能反映中国自身特点的信息披露标准体系。虽然国际信息披露实践反映了共同的理念和追求，具有一定的广泛适用性，但也不能简单照搬。我国应当考虑，

如何在借鉴国际经验的基础上，建立属于自己的信息披露标准。特别是当前形势下，我国的对外开放已经进入制度开放的新阶段，包括规则、规制的开放，当然也包括标准的开放。我们需要一套开放的、能够跟国际对接且能够被国际认可的信息披露标准体系。但从目前的ESG披露情况来看，4000多家上市公司的披露率不足30%，而且披露质量都不高。因此，如何设计出更好的披露标准体系还需要深入研究。笔者认为，信息披露标准是一个非常基础性的支撑。

第二个基础是评价体系。建立披露标准后怎样进行评价，涉及对绿色金融包括绿色投融资的整套评价服务体系能力的建设。需要建立一套国际化、市场化的评价服务体系，而不是仅仅依赖于一两家机构的评价服务模式，否则会导致道德风险的出现。所以，我国在开放引进国际比较成熟的评价机构的同时，也要探索建立一套符合本国国情、针对绿色金融和绿色投资的评价体系。如果没有相应的评价体系，我国的金融活动，包括贷款和各类投融资等，就可能会受到影响和制约。这套评价体系首先需要对被投资主体进行评价，包括上市公司、其他公司和相关项目。其次需要对投资主体进行评价，特别是对投资人的评价，从而引导大家在金融资源配置方面更多地向绿色金融倾斜，更多地支持绿色发展。

第三个基础是生态环境，即如何营造有利于绿色金融、绿色投资发展的生态环境。笔者特别支持对不同的省市地区采取不同的绿色发展考核方式；同时也应该对责任投资营商环境的内容进行考核，如地方政府在推进责任投资过程中，在鼓励绿色金融和投资方面采取了哪些优惠政策，为推动设立评价体系营造了怎样的有利环境。只有当地形成了适合绿色金融发展的环境，金融机构和相关资源才容易在当地聚集。笔者觉得一定要有这样的鼓励和引导。

以上三方面的基础都需要夯实，只有基础牢固了，才能更好地支撑绿色金融发展。

绿色金融风险防范需重点关注转型、技术和市场三方面

第四个问题是，如何防范绿色金融风险。现在大家比较关注的是绿色金融如何好、应该如何发展，而忽略了其中隐藏的风险。需要提醒大家的是，绿色金融也是金融，也具有金融的特征，也会有金融风险。因此，在发展绿色金融的时候，同样需要关注绿色金融会带来什么风险，特别是对于金融机构而言，在加大绿色金融业务发展的同时，也必须对防范金融风险作出安排。

首先是转型风险，即绿色转型过程中的风险。过去，无论是金融贷款、金融投资还是其他金融业务，绿色化程度（包括绿色资产、绿色业务比重）都比较低。转型的过程不是简单的业务变动，而是从战略方向到发展方式、管理架构、人员素质的调整，特别要注意在经济驱动资源和动能转换过程中会不会造成机构的风险。其次是技术风险。随着绿色金融的发展，金融机构的投资、放贷活动将涉及越来越多的绿色科技，而科技内容也在不断地改进乃至迭代发展，笔者觉得技术的进步也可能会对金融业务构成挑战。最后还有特定的市场风险等。

因此，如果我们在发展绿色金融的同时也能注重风险，就会使绿色金融和绿色投资既积极又稳定，实现可持续发展。

序 2

围绕“双碳”目标，积极有序合理推动绿色转型[①]

刘世锦

中国发展研究基金会副理事长

全国政协经济委员会副主任

国务院发展研究中心原副主任

“双碳”目标的提出在国内外引起很大反响。这既是中国作为一个负责任大国的郑重承诺，更体现了中国经济社会发展全面绿色转型的内在要求。简单地说，不是别人要求我们转型，而是我们自己必须转型。

分步骤实现这一目标，将会给中国经济社会发展带来广泛、深刻和长远的影响。概而言之，这将会带来一次产业结构的重大调整，一个重大的技术创新和投资机遇，一场配套的制度变革和创新，一次生活方式、生产方式、发展理念、发展方式的系统性重大变革。

从这样的认识高度出发，结合近一个时期落实“双碳”目

① 本文首发于财新网，经本人授权收录。

标出现的一些情况，需要关注和讨论以下三个问题：

一是减碳不能“单打一”，而应当从中国现阶段国情出发，坚持降碳、减污、增绿、增长“四位一体”，协同推进。

总体来看，中国仍然是一个发展中国家，与发达国家仍存在区别。发达国家已经经历了工业化的高峰期，进入以服务业为主的增长阶段，常规污染问题基本解决，生态环境总体上较好，经济进入成熟期，不再有较高的增长潜力，绿色转型主要涉及碳减排问题。而中国除了要解决碳减排的问题，环境污染、生态破坏等问题依旧突出，更重要的是，中国有必要也有潜力继续保持较快的经济增长速度。这几个方面对中国来说都很重要，都要抓、都要硬，不可偏废，因此，需要建立降碳、减污、增绿、增长的协同机制。

这种降碳协同机制不会弱化只会增强。就经济学所说的外部性而言，碳减排和其他污染物治理有很大不同。比如，一家工厂排出污水和废气，周边被影响的人群反应很大，要求治理的积极性很高；碳排放影响的是全球长期气候，具体人群很难直接感受到，要求减排积极性较低。因此，人们对治理常规污染物排放和碳排放的积极性是不一样的。

另外，碳排放与其他污染物排放有较高的同源性，深圳的经验表明，这一同源性可达到70%，也就是说，在减少其他污染物排放的同时，也会减少碳的排放。我们可以利用这种同源性，以积极性高的活动带动积极性低的活动，产生协同效应。

再比如，生态修复、植树造林可以增加碳汇，而碳汇可以中和碳排放。大力促进高生产率、低排放或零排放、低成本的绿色技术创新和推广，既能促进经济增长，也有利于降碳、减污、增绿，是更好的发展方式。

深圳空气质量达标、碳达峰、经济高质量增长的"三达"经验表明，这种协同效应是完全能够实现的。

二是不能搞"运动式"减排。近期中央财经委会议指出，不能搞"运动式"减排。在地方调研时，有些同志反映当下压力最大的短期减排指标，直接影响到经济增长。有报道指出，某些地方为完成减排指标拉闸限电。这种情况应该不多，但却反映了一种倾向。

还有一种情况，现阶段推动减排，主要采取的还是由上而下层层分解任务目标，用行政性手段实施的办法。而且这种办法将在相当长的时间内存在。这套办法的优点是行动较快，也可能较快取得成效，但缺点是指标分配未必合理公平、激励不足、存在"搭便车"现象、实施成本较高、平衡性较差等。

应该明确的是，要实现碳达峰、碳中和目标，关键是用绿色技术替代传统技术，要减少碳排放，而不是降低生产能力和经济增长速度，更不是在不具备绿色技术的情况下人为改变正常供求关系。

在这个过程中一定要遵循绿色转型规律和市场规律，否则就会适得其反。通常我们讲要破旧立新，“旧的不去，新的不来”；但在绿色转型中，应当是“新的不来，旧的不去”，也就是党中央强调的“先立后破”，着眼点首先要放到形成新的绿色供给能力上，在确保产能供给安全的前提下平稳转换。

三是减碳不能指标错位。近期有争议的一个问题是用能耗总量和强度“双控”指标来实现“双碳”目标是否合理有效。提出能耗“双控”指标，是为了鼓励节能、提高能效、限制过度用能，以尽可能少的能源消耗支撑经济社会持续发展。这个初衷无疑是对的，但相对于实现“双碳”目标，有两个问题需要搞清楚：

一个问题是，节能并不等同于减碳，同样的能源消耗，既可以是高碳的，也可以是低碳甚至零碳的。我们的目标是在保障必要能源供应的前提下，通过调整能源结构，用低碳或零碳能源替代高碳能源，逐步降低碳的含量。目前中国的人均收入刚超过1万美元，到2035年要达到中等发达国家的人均收入水平，也就是3万~4万美元，人均能耗特别是人均电耗还要有较大的降低空间。如果能源总量控制不当，制约了应有的经济增长速度，那是不符合发展的初衷的。

另一个问题是，撇开碳排放和常规污染物排放等问题，能耗总量和强度控制，适合用行政性办法还是用市场的办法？在这种情景下，能耗“双控”指标，实质上是一个成本控制问题，包括能源在内的投入品到底如何用、用多少，只有作为当事人的企业才可能搞清楚，并做出正确决策。举例来说，近年来光伏发电成本已经相当低了，如果某个企业用这类绿电生产一种高技术含量和高附加价值的产品，即便能耗高一点，算总账还是合算的。这类信息和决策，政府在宏观层面是很难把握的。

所以，建议加快创造条件，用碳排放“双控”的指标，即碳排放总量和强度控制指标，来替代能耗“双控”的指标，以便更好地服务于实现“双碳”目标。当然，能耗“双控”指标还是有用处的，可以作为经济转型的一个评价分析指标。

从应对上述问题和挑战出发，当前和今后较长一个时期，应当着力抓好绿色转型“打基础、利长远”工作，重点是推动技术创新和制度创新。

实现碳达峰、碳中和，从根本上说，要靠绿色技术驱动，需要大规模、系统性地“换技术”。绿色技术应达到三个目的：一是高技术含量和高生产率，二是少排放或零排放，三是与传统产业相比要有竞争力、低成本。要达到这三个目的难度很大，但通过努力是有可能实现的。以光伏产业发展为例，过去十年，光伏发电的成本下降了80%~90%，已经可以和传统的燃煤发电相竞争。业内专家预计，今后几年，光伏发电成本还会有较大幅度下降。

技术创新方面，首先是推广那些已经成熟，应用后能够产生明显社会效益和经济效益的技术。同时要加快形成激励绿色技术创新和推广的体制机制与政策环境。绿色创新既要做减法，如防治污染，更要做加法和乘法，如低碳和零碳新技术的研发和产业化。有研究认为，这将会带来百万亿级别的巨额投资，具有传统发展方式下不可能有的发展空间。

制度创新方面，党的十八届三中全会明确了市场在资源配置中发挥决定性作用。那么如何使市场在绿色发展中起决定性作用？客观地讲，目前还不具备条件，还有相当大的距离，但进入碳中和目标约束下的绿色转型期后，有可能形成由市场起决定性作用的微观基础。

制度创新需要做的事情很多，一项基础性的工作是建立碳账户和绿色责任账户。

首先，要推动碳核算和生态核算。核算是绿色转型的基础，不论是行政性办法还是市场性办法，前提都是把账算清楚，要有一套科学的算账方法。这件事情很重要、很紧迫，但迄今为止仍然是一大短板，甚至还没有引起足够的关注。上面提到的碳排放“双控”指标，重要的制约因素也是缺少核算基础。发展绿色金融，面临的一个突出问题是绿色标准问题，在很大程度上也是一个绿色核算问题。目前，对这方面的重视程度和研究进展显然还跟不上绿色金融发展的脚步。

其次，在碳核算、生态核算的基础上，建立碳账户和生态账户，再形成包括碳减排、其他污染防治、生态修复和经济增长等要素在内的各级政府（国家、省、市、区等）、企业和个人的绿色责任账户，确定各个主体的减排责任。一旦产权和责任落实了，“各人自扫门前雪”，这个世界也就“清洁”了。因此，应当鼓励各地积极开展这方面的探索创新，通过绿色责任账户让国家的“双碳”目标真正分解落地，推动绿色转型取得有效的进展。

目录

第一章　中国与碳中和

全球实现碳中和目标与中国定位 …… 米歇尔·渥克 /002
中国的“双碳”目标与绿色发展 …… 邱晓华 /004

第二章　走出“双碳”的认知误区

碳中和路线图 …… 潘家华 /010
纠正对碳达峰碳中和的错误认知 …… 陈　迎 /024

第三章　零碳转型之路

中国的零碳转型之路或将提前实现 …… 林伯强 /036
“双碳”重塑世界新格局 …… 陈卫东 /040
减排义务与经济发展 …… 管清友 /056
气候变化政策与短期经济波动 …… 郑新业 /063

第四章　碳税与碳市场的选择

出口与碳关税……徐晋涛 /076
分行业、分阶段采用碳市场相关政策……许勤华 /085
碳市场为中国百万亿碳中和投资保驾护航……梅德文 /105

第五章　绿色金融助力碳中和

对于中国绿色发展面临的资金缺口的建议……盛松成 /124
金融的绿色化要比经济的绿色化先行一步……赵锡军 /133
未来中国实现碳中和还需转向新能源……肇　越 /144
碳市场关键是要通过碳交易促使企业减排……曹远征 /152

第六章　碳中和战略下的投资机会

碳中和暗藏百万亿投资机遇……范　为　郅天奇　闫相龙 /162
高碳投资中断与当前宏观形势分析……王忠民 /174
关于碳达峰与碳中和的实施路径思考……姚余栋 /201

第一章　中国与碳中和

全球实现碳中和目标与中国定位

中国的“双碳”目标与绿色发展

全球实现碳中和目标与中国定位

米歇尔·渥克

- 美国作家、评论员和政策分析师
- 2009年世界经济论坛“青年领袖”
- 财经畅销书《灰犀牛：如何应对大概率危机》作者

全球背景下的碳中和之路

碳中和是深化国际合作的绝佳机遇，以实现互利合作、共同发展为目标。在如今国际贸易和全球竞争紧张的局势下，如果能不以邻为壑，而是以帮助每一个国家更好地发展为目的制定政策，就像世界各国同时采取积极的气候行动一样，那将是非常美妙的事情。如果大家共同行动，碳中和将是一场良性竞争，能帮助各个国家尽快登顶，实现彼此目标，而不是陷入恶性循环。笔者很想看到一场全球减排“奥运会”，各国和各地区相互竞争，看谁能减少最多的排放量。不仅是碳，还有甲烷，这是一种作用更强、更危险的温室气体，可能目前世界上还没有足够多的关于它的研究。目标越明确，行动起来就会越积极，大家都应该争取早日实现这些减排目标。

去碳化的道路上，中国企业该怎么办

从很多方面来说，积极实现碳中和不仅将减少环境污染以及相关的健康和生产力成本，降低未来的能源成本，还会创造就业机会。现在支持碳中和转型的政策越多，它就会走得越快，这是一件好事，可以为企业和国家创造竞争优势。企业可以在不同的环节进行脱碳，而且是尽可能多地脱碳。首先，企业应该追踪自己在生产商品和服务以及运输产品时产生的碳排放，然后通过建造更多节能的建筑，积极减少自己内部的碳排放；通过实施员工在家工作计划来减少出行；在企业制造和消费产品的整个生命周期内减少浪费，降低碳排放。企业还可以要求供应商报告碳排放的情况并督促其减少碳排放，或者转而选择碳排放最低的供应商。如果可能的话，企业可以停止对高碳排放行业的投资，甚至可以根据所在的行业，通过采用更清洁的技术和更有效的流程，积极生产和投资一些碳减排的商品和服务。

中国的“双碳”目标与绿色发展

邱晓华

- 阳光保险集团首席经济学家
- 国家统计局原局长

绿色发展是新阶段新征程的重要发展方向

绿色发展在一定意义上可以说是“双碳”目标下的“中国机会与中国挑战”。中国国家领导人已经代表中国向世界郑重承诺：“力争2030年前实现碳达峰，2060年前实现碳中和目标。”所以，接下来中国经济的绿色发展，一定是新阶段新征程的重要发展方向。从目前各个方面来看，这一产业是百万亿级的“大蛋糕”，实现“双碳”目标将拉动高达百万亿元的投资，无论是研究机构还是官方都对此做出了相同的判断。

首先，必须走绿色发展道路，通俗地讲就是在环境和资源领域取得更协调的发展，给百姓带来更大福祉。包括环境治理、环境保护、生态修复、资源节约以及相关技术的进步与运用，实现更节约、更有效、更可持续的发展。绿色发展在产业领域首要的任务就是对能源体系的重构。传统能源体系以化石能源为主，很难实现“双碳”目标，所以一定会打破重构，新能源领域将会有更广阔的发展和应用空间。与此同时，传统能源的绿色低碳排放技术的研发和应用也会有较大的发展前景。

其次，与新能源、清洁能源相关的使用领域，比如汽车领域的绿色低碳发展空间会不断上升，新能源汽车、新能源储能及相关技术等方面的突破，是可期待、可关注的一个领域。如何分享与新能源相关的“大蛋糕”？传统产业改造升级至关重要。对于改造传统产业进行低碳排放问题，想取得突破一定需要有巨大的投入。当然这也是一把“双刃剑”，比如对传统能源体系升级改造必然会对传统产业形成一定的约束，但一旦打破这种约束就将迎来机会，这就是事物的“两面性”。

再次，绿色产业迎来了新风口。传统产业无论是钢铁、建材还是有色金属，想要解决它们的高碳排放问题，技术升级改造的投入无疑将是巨大的。这在一定程度会催生绿色产业的快速发展，包括高耗能、高排放产业的绿色低碳改造转型。这也有可能是一把“双刃剑”，绿色低碳改造促使传统行业由粗放型向集约型转型，无论对环境资源还是经济社会的可持续发展都是有所裨益的，但是低碳排放改造的费用，无疑会增加这些生产企业的成本，从而造成原材料价格的上涨，这将使传统初级产品市场产生波动。

最后，绿色发展跟我们的生活息息相关。餐桌上的安全和绿色的生活习惯，包括绿色低碳生活、节能减排、垃圾分类处理等，这些都跟消费息息相关。所以绿色发展是一个蕴含巨大潜能的“蛋糕”，我们面临着巨大的机会和挑战。

前面所讲的这些构成了绿色发展的机会，与此同时我们也要看到绿色金融的机会。实现“双碳”目标一定需要有更多的绿色金融来支持，在投融资、信贷、碳交易方面都蕴含了大量的市场机会，如发展绿色信贷、绿色证券、绿色基金、绿色保险及相关金融产品提供与碳交易。当然我们也不能忽视“双碳”目标下的挑战。

人类要学会与自然和谐共处

随着新冠肺炎疫情的暴发与蔓延，人类如何与自然界和谐相处，成为需要我们思考的一个重大的问题。某种意义上，新冠肺炎疫情的暴发，实际上就是自然界对人类社会以往对自然界过度索取的一种报复。因此，人类要吸取教训，学会尊重自然、保护自然，学会与自然和谐相处，这也许是这场疫情带给我们最深刻的启示。

关于建设全国碳排放交易市场的看法

建设全国碳排放交易市场，是利用市场机制控制和减少温室气体排放、推动绿色低碳发展的一项重大制度创新，是实现碳达峰、碳中和的重要政策工具。在目前政策监管体系尚未健全之前，我国的碳排放交易市场最先从地方试点起步，通过地方试点经验的逐渐积累及国家相关制度的逐步建立，达到建设成全国性的碳排放交易市场的目的。我们已经看到碳交易市场里一些地方已进入试运行阶段。

中国提前实现“3060”目标难度较大

“力争2030年前实现碳达峰，2060年前实现碳中和”，这一目标对中国提出了很高的要求，如期实现尚且存在难度，想要提前实现，难度就更大了。因为当下的中国还正走在碳排放增长的路上，并不像一些西方国家已经实现了碳达峰，中国还需要一段时间才能够达到碳峰值，而实现零碳排放则需要更长的时间。而且，在这个过程中，能源体系升级换代是一个巨大的工程，传统产业改造升级也是个巨大的工程，人们生活方式、工作方式的改变更是一个巨大的工程。这么大的工程要如期完成，必须持之以恒地付出努力，不可能毕其功于一役。笔者认为，“双碳”目标能够如期实现，但提前实现难度较大，必须做好打持久战的准备。

第二章　走出“双碳”的认知误区

碳中和路线图

纠正对碳达峰碳中和的错误认知

碳中和路线图

潘家华

- 中国社科院学部委员
- 国家气候变化专家委员会副主任委员

三类碳的概念

第一类碳主要是化石能源，即煤炭、石油、天然气燃烧所排放的二氧化碳。这一类碳经过漫长的地质年代形成，它是额外于自然碳循环具有增量属性的碳。这一类碳会影响气候，比如目前全球气候变暖主要归因于此类碳排放而提升大气中二氧化碳浓度，因而称之为气候灾性碳。

第二类碳为气候中性碳。这类碳来源于各种绿色植物及以绿色植物为能源来源的各种动物。绿色植物通过光合作用，从大气中吸收二氧化碳，生成碳水化合物，如树木、小麦、玉米、水稻、水果中的碳，参与自然碳循环，总体平衡，不具额外性，因而称之为气候中性碳。气候中性碳，比如小麦及小麦制品，人吃了以后通过呼吸、排泄等这样一种自然循环又回到大气；比如沼气，也就是甲烷，自然释放又回到大气；再比如农作物秸秆，通过燃烧释放的二氧化碳，最终也是回归到大气。整个过程是一个自然循环，碳来源于大气又回归到大气。我们的生活中，动物是通过绿色植物来获取营养。人类每天要吃各种蔬菜、粮食、肉，不论是牛羊还是鸡鸭，它们都是草食动物，草经过消化，最终的排泄物会生成甲烷和二氧化碳。所以，养殖业所形成的这些碳排放，原则上也是气候中性碳。有人说少吃肉就可以减碳，这种说法并不完全对。肉中的碳水化合物和蛋白质都来源于大气。动物吃植物，人吃的各种蔬菜、水稻、玉米其实也都是植物。人维持生命所需的营养是固定的，多吃高蛋白的肉，就必然会少吃淀粉一类的主食。人是杂食动物，不可能不吃肉只吃植物，除非人类的基因改变了。所以肉类中的碳不是额外的碳，所有生物循环的碳在原则上都是气候中性碳，可以保持自然平衡。再比如，一场大火烧毁一片森林，陡增了很多碳。火灾之后，再长的植物会长得很快，就可以很快把大量的碳吸收固定下来。所以有时候可能排得很多，有时候吸收得很多，但总体上是平衡的。

第三类碳是具有全球增温潜势的非二氧化碳。它虽不是二氧化碳，但却有增温的效应，所以人们经常把它换算为二氧化碳当量进行温室气体的核算。

六种非二氧化碳的温室气体

第一种是甲烷，如煤层气、油田伴生气等。甲烷分为两种，一种是气候中性的，另一种是气候灾性的。沼气以及人类排泄物所产生的甲烷是气候中性的。下水道出现井盖爆炸，多是因为生物质腐烂所产生的沼气造成的，沼气中的碳，源自绿色植物吸收的大气中的二氧化碳，因此属于气候中性碳；煤层气即瓦斯爆炸所释放的气体，则是气候灾性的。

第二种是氧化亚氮，源自人造的化肥循环及自然。大气中78.09%的化学成分是氮，是自然界存在、自我平衡的氮氧化合物。氮氧化合物主要有两个来源，除了自然循环保持平衡的氮氧化合物外，也有一部分是煤炭、石油、天然气燃烧排放的氮氧化合物。燃煤发电脱硝脱的就是氮氧化合物。

另外四种非二氧化碳的温室气体都是含氟的，比如空调制冷使用的氟利昂，发泡剂中使用的含氟产品全氟化碳、六氟化硫、三氟化氮等。这类人工合成的含氟化合物也是温室气体，且升温潜势比较大，但排放量很小。

总结一下，碳主要包括三类：第一类是气候灾性碳，主要来源于经过漫长地质年代而形成的化石能源燃烧排放，包括二氧化碳、甲烷，还有氧化亚氮。这类碳占到温室气体的90%。第二类是气候中性碳，从大气中来又回到大气中去，占温室气体的8%左右。尽管这部分碳是气候中性的，但随着人类活动的加剧，森林遭到破坏、土壤碳流失，在工业革命后，它也成为导致气候变暖的因素。第三类碳是含氟气体，占到温室气体的2%左右。

现在的碳达峰，主要针对的是化石能源开采、炼化、燃烧和相关产品排放的二氧化碳，大概占总碳排放量的90%以上。如果能将这部分碳排放控制住，碳达峰也就实现了。化石能源及其相关产品的温室气体排放包括直接燃烧和相应的一些化工产品，比如煤制油、煤制气等化工产品。从统计和测量角度来看，化石能源排放的温室气体的核算数据精度达到95%左右，气候中性碳的统计核算相对来说精度并不高，而且涉及人民的基本生存问题。含氟温室气体易管控，而且量不大。所以从数据上就很容易理解，碳达峰必须是化石能源及其相关产品的温室气体排放的达峰，而碳中和首先要求的是化石能源及其相关产品温室气体排放量的大略归零。

碳达峰的三种途径

第一种途径是自然达峰。不管是否采取行动，碳排放都会自然达峰，也就是净排放值达到峰值。就像人的生长一样，人从出生开始会慢慢长高，到18岁左右身高就不再长了，这就是自然达峰。从历史发展来看，英国、法国、美国等发达国家都属于自然达峰。

第二种途径是半自然达峰，即由市场力量驱动的达峰。为什么是市场驱动呢？因为各个国家能源的资源禀赋不同，高碳排放的化石能源如果被挤出市场，碳排放自然就降下来了，它是一种由市场驱动的达峰。比如法国，没有油、没有煤，也没有天然气，所以法国就发展核电，但这并不是为了减排，而是出于能源安全和经济属性考虑。再比如英国在20世纪80年代关闭煤矿，主要是因为北海油田伴生大量天然气，相比之下，煤炭开采成本太高，所以英国通过市场的力量，用碳排放量较低的天然气取代了碳排放量更高的煤炭。

第三种途径是人为强制达峰，也就是现在为了实现碳中和而需要采取人为措施。中国现在通过人为的各种措施，力争让碳达峰提前实现，而且峰值压得越低越好，这就属于人为强制而实现的达峰。

中国碳达峰循第三种途径，是由中国的发展阶段决定的。中国的能源结构以煤为主，所以只能通过人为强制压峰、降峰从而实现达峰。

实现碳达峰还可以更早

我国可望在2030年前实现碳达峰，原因在于：第一，从发展阶段上看，我国已经趋近自然达峰，很多产能已经出现过剩。2017年开始，中国年产能和产量为超过20亿部手机，汽车的产能有3000万辆，钢铁产能达到12亿吨，水泥年产量最高超过26亿吨。这些数字已经明确地告诉我们，产能过剩是不争的事实。所以，随着产能的降低，化石能源的消费量也将减少，从而助推碳达峰。

第二，从目前我国环境污染的现状看，公众要求改善大气环境质量的呼声越来越高，这就在客观上要求把碳排放最高的煤炭消费降下来。煤炭不仅是大气污染物，也是二氧化碳的主要来源。所以用其他清洁能源来替代煤炭，不仅能控制常规大气污染物的排放，也能削减二氧化碳排放。

第三，零碳能源已经具有而且在不断提升市场的竞争力，水电、风电和光伏发电的价格已然明显低于煤电和油电。20年前，使用光伏发电简直想都不敢想，因为价格太昂贵；10年前，光伏发电的价格还是煤电价格的5倍；而现在光伏发电的成本只是煤电的1/3还不到，这样一来，市场经济的价格调节机制可以自然而然加速化石能源的退出。

第四，碳达峰属于世界各国协力推进落实《巴黎协定》的目标，中国作为一个有责任感和使命感的国家，必将全力以赴。所以，国际共识在无形中成为一种外在的倒逼动因，对中国实现碳达峰目标起到了推动作用。

因而，中国可以将实现碳达峰目标的时间提得更早。

实现“双碳”目标对经济的影响

“双碳”目标的实现对经济的影响，分为不利和有利两方面。先看下实现“双碳”目标可能带来的不利影响。

第一，根据第七次全国人口普查数据，目前中国仍是全球第一人口大国，有14.11亿人口。现在中国有6亿人口人均月可支配收入不足1000元。这一部分人要吃饭、要居住，自然需要能源的保障，这就必然会增加化石能源的消费。如果在其他能源尚不能满足刚性需求的情况下，对化石能源严加控制，会造成能源使用成本的提高，从而给这类人群的生产生活带来不利影响。

第二，原材料行业如钢铁、水泥、有色金属等都属于高耗能行业，由于它们的耗能量非常大，如果暂时找不到数量充足且稳定的新能源来替代，控制化石能源消耗要么会造成这些行业的生产规模萎缩，要么会使生产成本提高。所以实现“双碳”目标将会对这类高耗能的原材料行业产生巨大影响。

第三，中国化石能源的生产和销售主要集中在山西、内蒙古、陕西等地，这些地区把化石能源的生产和销售作为地区经济社会的支柱，如果“一刀切”式地掐断传统化石能源的生产，会对这些地区的经济发展和人民生活造成巨大影响。

有利影响可以从下面几个方面来看：

首先，可以加快零碳能源产业的布局，加快相关产品的投资和生产。现在风能、光能、水能、生物质能已经具备一定的市场竞争力，基于“双碳”目标的利好政策，必然会推动能源转型升级，构建全新的零碳产业体系，引发数百万亿投资与产业发展机遇，从而引领新一轮产业革命。

其次，“双碳”目标会使能源需求行业发生极大的变革。

比如汽车行业，传统汽车都是燃油的，现在混合电动汽车、纯电动汽车逐渐成为主流。2020年11月，国务院办公厅印发《新能源汽车产业发展规划（2021—2035年》），明确要求“到2025年我国新能源汽车市场竞争力明显增强，新能源汽车新车销售量达到汽车新车销售总量的20%左右”。以目前中国新车年销售2500万~2800万辆计算，20%即超过500万辆。规划明确2035年新能源汽车成为新车市场的主流。现在许多国家，如欧洲的一些国家，已经明确规定2035年前后禁止燃油汽车上市。

再次，零碳能源的生产和消费跟化石能源不一样。化石能源只能在有储量的地方开采；零碳能源就不同了，只要有风、有光就可以进行采集，这就打破了传统化石能源的相对垄断地位。比如，每家每户都可以利用太阳光伏发电，自己生产，自己消费，成为一个零碳单元或零碳经济体。

最后，“双碳”目标可以促进储能产业的发展。过去的化石能源本身就是能源储存体，可以运输。但是现在的光能、风能、水能等，会受到自然周期的影响，生产不稳定且难以备储存。这就在一定条件下推动了储能产业的发展，比如现在的抽水储能、化学储能、机械储能、电热储能、可再生能源制氢储能。

综上所述，实现“双碳”目标既会带来有利影响也需要克服一些不利因素。所以，我们要想办法将有利影响最大化，将不利影响化解到最低。如果单从成本上来讲，我们可以算这样一笔“成本”账：传统能源的生产需要巨额投资，比如建设一个煤化工基地，动辄需要几百亿元的投资；而且现在生产流程基本上实现机械化智能化，不需要太多劳动力，所以生产传统能源产生的回报对普通劳动者来说，既没有增加就业机会，也没有支付劳动力多少工资，所有的回报大多给了资本家，整个产业对经济的拉动力实际上是很有限的。而风能、光能、水能等新能源产业有着很长的产业链，资本累积率相对较低，会产生大量的就业岗位，这样就能惠及普通老百姓。老百姓获得劳动工资报酬后会用于消费，从而拉动经济，促进经济增长和社会进步。从资本角度来说，巨额资金投入传统能源的闸口被堵住后，就会寻找别的出路，零碳排放的可再生能源无疑是一个很好的投资方向。由此可见，想要实现“双碳”目标需要付出一定的成本，但获取的收益会更多，对经济发展和社会进步也将起到更大的带动作用。

全球气候发生的显著变化

联合国政府间气候变化专门委员会（IPCC）发布的第六次评估报告称，1901年至2019年，全球地表温度升高了1.09℃，预计到21世纪末，全球地表温度将继续升高1.5℃~2.0℃。同时大气中二氧化碳的浓度从工业革命前的280ppm（1ppm为百万分之一），增加到现在的414ppm。自然环境被人类的活动改变了，这是一个不容置疑的事实。习近平主席提出要“构建人与自然的生命共同体”。如果说人类要与自然和谐共生、与自然和解，成为一个生命共同体的话，首先就应该尊重自然、顺应自然、保护自然。减少温室气体的排放正是人类尊重自然、顺应自然、减少对自然的干扰和破坏的一种表现。另外，化石能源是有限的。中国的化石能源经过工业革命以来的开采，有些地方已经枯竭。比如外域抚顺已称为资源性交易性城市，大庆油田的开采量在逐年下降。如果地球的生命长度是以40亿年计算的话，人类在地球上生存繁衍只有不到1000万年，地球上现有的化石能源是很难支持人类长久地生存下去的。所以，人类转向发展可再生能源势在必行。

中国实现碳中和的难度

碳中和在中国实现的难度与阻力，远远比其他发达国家更大，需要中国政府更多的投入与付出。

从发展进程的角度看，中国面临着经济发展与绿色低碳的双重压力。工业革命以来，占全球25%人口的发达国家占有全球二氧化碳历史累积排放总量的75%，计算人均累积二氧化碳排放量，是一种公平性的体现。发展中国家二氧化碳排放的趋势线，比发达国家滞后数十年乃至于数百年。发展中国家的历史累积排放量，远远低于发达国家。例如中国，作为全球人口第一大国，自2006年以来一直是全球第一排放大国，人均排放量尽管不到美国的一半，也超过欧盟水平，但从人均累积排放量上，仍然低于发达国家。与西方先实现经济发展再考虑碳减排问题不同，中国经济社会发展必须附加以降碳减污为重点的战略取向。

从能源转型的角度看，中国面临着高效调整与持续低碳的双重要求。作为世界工厂，中国消耗能源而生产各种产品满足世界需求但排放核算却在中国。根据发展权优先的原则，中国不得不高碳发展。目前中国已经是世界第二大经济体，成为中上水平的发展中国家。零碳发展给中国提供了机遇也提出了挑战。想要实现能源碳中和转型如果与发国家同步，将可能限制产业结构、能源结构、交通运输结构、用地结构的调整速率。由此看来，需要加速扩大非化石能源消费基础设施建设与科技创新的投资，才有可能在不影响能源供给调整的同时，构建绿色低碳循环发展经济体系。

从民众参与的角度看，中国人面临着富裕追求与净零碳消费的双重任务。随着中国人生活标准的不断提升，如果能源结构保持不变碳排放量自然会升高。在一些国家，应对气候变化是与多数人生活习惯与未来命运休戚相关的自觉行为。实现碳中和目标迫切需要民众提升环保意识、改善用餐习惯、培养绿色生活方式等。

因此，碳中和目标，远远不是仅靠物理、化学、生物、工程领域的创新就能实现的，更需要从经济、金融、社会、治理领域全方位协同推进。

氢能技术的突破

氢能的存在已经超过了半个世纪，之所以规模一直不大，主要在于生产成本相对较高，储运技术尚不成熟。现在主要的制氢方法有煤制氢、天然气制氢，燃烧的还是化石能源，对碳中和没有任何帮助。如果想要减少碳排放，就要采取可再生能源电力的电解水制氢技术，从根本上消除二氧化碳的生成和排放。但电解水制氢和储运在技术水平上还有待提高，成本的不确定性也是日后应用的一个影响因素，所以氢能对碳中和究竟能起到什么样的作用，需要推进，但不能操之过急。

纠正对碳达峰碳中和的错误认知

陈　迎

● 中国社会科学院生态文明研究所研究员

碳达峰的峰值要后验

所谓碳达峰，是指二氧化碳的排放量达到峰值不再增长。我国提出“双碳”目标，就意味着中国二氧化碳的排放总量要在2030年前达到峰值，之后不再增长，并逐渐下降。目前中国的碳排放还处在上升阶段，在碳排放由上升转向下降的过程中，必然会出现一个峰值。但碳达峰不是冲高点，这个峰值并不是固定的。我们可以将碳排放的达峰过程想象成登山的过程，假设没有碳排放达峰限制，碳排放会越来越多，就像登山越登越高。所以现在国家倡导让碳达峰的峰值尽早出现。峰值出现得越早，峰值水平越低，以后实现碳中和目标的难度就越小。

关于碳中和的误解

图1　碳中和

图1为解释碳中和常用的天平图，这个图是错误的，在图中，代表碳吸收的森林和风车实际上并不属于同一类。首先来普及一个概念——碳汇，其是指通过植树造林、森林管理、植被恢复等措施，利用植物光合作用吸收大气中的二氧化碳，并将其固定在植被和土壤中，从而减少温室气体在大气中浓度的过程、活动或机制。所以，图片中的森林可以增加碳汇，但风车用来替代化石能源，作为节能减排的方式，减掉了化石能源的碳排放，本身却并不属于碳汇。还有一点，碳中和必须是人为的排放源跟人为的碳吸收汇相平衡。现在有一些观点认为，碳中和是指人为排放量被人为碳汇和自然环境所吸收，也就是被人为的“碳汇”加上自然“碳汇”所抵消，这样的观点有失偏颇。尽管自然生态系统有

碳汇的功能，但是不能让已经岌岌可危的自然环境再承担额外的人类的碳排放。以海洋为例，近60年来温室效应所带来的热量的增加有九成在海洋里，海洋是一个很大的温度稳定器，它吸收了这些多余的热量。这时候，如果人类还要依靠海洋去平衡人类的排放源，那么海洋就会继续酸化，热量继续增加。海洋里最敏感的要数珊瑚，珊瑚礁对温度和酸碱度很敏感，海水温度上升1℃，珊瑚礁就会大量白化、死亡。所以碳中和要人为的“碳汇”去中和人为的排放源，碳中和的本意也是人类的活动不再增加自然气候系统的负担，不要指望自然的碳汇来平衡人类活动的碳排放量。笔者认为有必要向社会公众澄清这种概念理解的错误。

蓝碳开发助力“双碳”目标实现对生态系统的影响

蓝碳指的是利用海洋活动及海洋生物吸收大气中的二氧化碳，并将其固定、储存在海洋中的过程。目前，国际上对蓝碳是否归属于碳汇仍然存在争议。保护红树林、盐沼植物、海草床等沿海生态系统，在吸收空气中的二氧化碳方面发挥了重要的作用已经在碳汇核算中有所体现。因此，针对“蓝碳”这一新兴概念，各国专家进行了大量科研工作，并着力开展对蓝碳的开发利用，发展蓝碳经济。从提升生态碳汇能力和生态系统碳汇增量出发。蓝碳是值得研究的新领域。

有效开发利用蓝碳资源，不仅有助于减缓气候变化、保护生物多样性，还能为沿海地区提供有价值的生态系统服务。

碳达峰、碳中和两个目标绝不要分割开

通常碳排放在接近峰顶时一般会有一些波动，但不可能是剧烈的波动。碳排放稳定下降要经历一个过程。在此之前我们如何确定碳排放是否达到峰值？从历史的发展来看，在没有强有力的政策干预的情况下，很多发达国家是自然达峰的。比如英国大概在1971年实现碳达峰，基本是一个自然达峰的过程，因为当时的人们没有认识到气候变化问题，英国主要是通过天然气替代煤炭来实现达峰。大部分发达国家也都有类似的经历。1973年石油危机后，从能源安全和环境保护的角度，各国开始大力抓节能减排，很多国家先后实现了“碳达峰”。他们的“碳达峰”是专门采取气候变化政策情况下的达峰，属于强力干预。中国想要实现“碳达峰”同样需要强化政策干预，而不能静待自然达峰。我国早在2005年的《“十一五”规划纲要》中就提出要节能减排，并首次引入能源强度降低20%的节能目标。而我国首次明确提出“双碳”目标是习近平主席在2020年9月22日的第75届联合国

大会一般性辩论上。“十二五”时期明确提出控制碳排放增长，在此期间中国碳强度累计下降了20%，超额完成了“十二五”规划确定的17%的目标。随后，“十三五”“十四五”期间，我国不断加码，提出各种节能减排指标，不仅有单位GDP的能耗指标，还增加了碳强度指标、森林覆盖率和蓄积量指标、非化石能源占比指标以及风能太阳能装机容量指标等。

所以，如果没有“十一五”的提前布局，中国现在的碳排放量肯定要高得多。但是要提前达峰，并要尽可能降低峰值，需要更多的政策支持和努力。

因此，笔者认为碳达峰碳中和两个目标是绝对不可分割的，它们只是一个目标的两个阶段，一个是达峰之前的阶段，另一个是达峰之后的阶段，碳达峰的最终目的是碳中和。为什么要尽可能早、尽可能低地达峰呢？主要为了给实现碳中和留有足够的时间和空间。比如说提前减少化石能源基础设施的投资，可以避免达峰之后的资源浪费。现在很多银行不再投资高耗能化石能源行业，也是出于对将来的投资风险的考虑。对于碳达峰和碳中和，要把它们作为一项全局性工作来看待，它绝不仅是一个环境问题或者能源问题，它还是一个全局性发展问题，需要全社会协同应对。习近平主席反复强调实现“双碳”

目标的重要意义，并将其纳入生态文明建设总体布局，而生态文明建设与政治建设、经济建设、社会建设、文化建设“五位一体”的总体布局，重要性不言而喻。

全球气候发生的显著变化

截至2020年，全球的二氧化碳的浓度已经从280ppm上升到了412ppm（1ppm为百万分之一），温度比工业革命之前上升了1.2℃。想要研究碳达峰碳中和首先要对气候变化有一个科学的认识。有些人提出质疑，认为历史上人类没有和如今一样的工业活动，没有排放CO_2，温度也会上升或下降，所以所谓的CO_2与气候变化、人类活动相关的这一系列观点都不成立。但科学并不能仅凭感觉，必须要以实际的观测数据为基础来看待气候变化的规律。大量科学观测事实和证据证明气候理论是毋庸置疑的近五十年以来的气候变暖对人类的影响已超过自然的影响。

同时，笔者想强调，碳达峰碳中和是一项全局性长期性的工作，并不是一个单纯的技术问题，不能有“技术可以解决一切问题”的错误观念。创新技术是必要的，还需要有配套的政策支持。

能源、交通、建筑行业等重点行业碳达峰碳中和的实现路径

碳中和虽然是一个长达40年的长期目标，但在2020年12月，中央经济工作会议就把做好碳达峰、碳中和工作列为2021年八项重点任务之一。要实现碳中和，必须从现在做起，这是需要长期、脚踏实地去做的一件事。要实现碳中和势必会对经济产生影响，其中既有长期影响也有短期影响，这就需要立足国情和发展实际，始终坚持新发展理念和系统观念，统筹发展与减排、近期与长远、全局与重点，以大格局、大思路开辟一条高效率减排、促进高质量发展的中国碳达峰碳中和之路。

在实现双碳目标的道路上，不同行业受到的冲击和影响不同，有的行业未来的路可能会走得更艰辛，有的行业可能借此迎来的发展机遇，总之机遇与挑战并存。高碳行业首当其冲将会受到影响。通过对我国能源领域碳排放发展情况分析，我国碳排放主要集中在电力、交通和工业三大行业，碳排放占比分别约为41%、28%和31%。

根据测算，我国由化石能源消费产生的碳排放总量为100亿吨左右。其中，煤炭消费产生的二氧化碳排放量占75%左

右，其次为石油和天然气，占比分别为14%和7%。煤炭是高碳能源，控制煤炭消费总量、降低煤炭消费强度，是碳减排的重中之重。对于煤炭行业现在有两种观点：一种观点认为煤炭是“压舱石”，不能舍弃。另一种观点则倡导逐步弃煤。笔者更倾向于第二种观点。因为在碳中和的大目标下，煤炭行业必然是一个逐步萎缩的行业。化石能源中，煤炭相比油气更高碳。如果坚持大量使用煤炭，就不可能实现碳中和。中国的碳汇规模有限；采用CCUS（碳捕集、利用与封存）技术也是很不容易的，既要考虑安全性、稳定性因素，还要防止泄漏和扩散，而且经济成本非常高，在中国大范围推广与应用是不可取的，只能用来平衡那些不得不减排但又很难减排的行业的碳排放。所以新技术并不能作为继续发展煤炭的理由。煤炭行业加速转型是必然的，只不过转型的节奏要把握好，“一刀切”式的方法并不可取。但至少总体规划上，不能再布局煤炭行业，更不能再加大对这个行业的投资。在煤炭行业转型的过程中也要注意可能产生的问题，比如公正转型问题、转型可能带来的失业问题，对煤炭行业绝不能一关了之，对受波及的失业群体的关怀、保护、培训、再就业都要纳入政策规划中。共同富裕是社会主义的本质和奋斗目标，要减少收入分配的差距，要实现更公正的社会公平。所以，针对碳达峰碳中和过程所带来的这种剧烈、深刻的社会经济转型，必须做好政策设计预案，避免出现无序被动的情况，进而产生失业和就业难的社会性问题。

所以，煤炭行业必须主动适应国家高质量经济发展的趋势，满足人们对美好生活的环境需求，迎接世界能源发展变革的挑战。落实双碳目标也给煤炭行业回归高质量发展提供了机遇，煤炭行业需要放下粗放式的产量增长“包袱”，回归到合理规模，走科学产能之路。要重视煤炭生产、加工、储运、消费全过程安全性、绿色性、低碳性、经济性，快速提升其发展质量，使其真正成为高新技术产业。同样地，资源型城市的低碳转型之路也要从调整产业结构、推进既有产业的升级、发展新兴绿色低碳产业入手。像山西、内蒙古这样的煤炭大省，要率先淘汰规模小、生产方式粗放、生产率低的煤矿，有序减少矿产资源开采，因地制宜地对矿山矿洞进行绿色回填，不断强化生态汇碳能力。同时注重引导传统工业向新型智能制造产业转型，应利用电气化、清洁能源替代以及碳汇集等技术的发展，确保按时按质在2030年进入碳排放量由增至减的“拐点”。

对于新能源汽车的看法

作为能源需求端重要的场景之一，新能源汽车成为世界各国发展的重点。但很多习惯的转变都需要一个过程，现在人们购买新能源汽车还面临很多问题：维修麻烦、电池寿命有限、找充电桩难。交通电气化转型是一个漫长的过程，存在的问题也不少，但仍为我国新能源汽车产业发展提供了新机遇。

碳中和所带来的世界各国新的博弈

2020年被称为碳中和元年，以2020年为起点，世界各国开启了以碳中和为目标的发展进程。各国纷纷进入应对气候变化和发展低碳经济的“快车道”，并以碳中和为目标，开启了新一轮竞争，重塑大国竞争格局。在技术升级改造上，围绕新兴绿色产业的技术研发竞赛已在全球展开，欧盟、美国等在某些方面已先行一步。相比之下，中国也有自己的优势，但多项关键技术仍需持续加大研发力度与资金投入。可以想象，未来低碳技术的领先，比如说氢能技术、负排放技术等，将伴随后续的技术授权转让、绿色产业升级等方面的更大红利。这无异于一场新的产业革命。谁领衔产业技术创新，谁就有可能领衔下一轮大国崛起。

三个“最”概括中国落实双碳目标面临的巨大挑战

2050年实现碳中和目标最早出现在2018年10月IPCC（联合国政府间气候变化专门委员会）发布的《全球变暖1.5℃特别报告》中，该报告指出，要想实现将全球变暖控制在1.5℃目标就必须在2050年左右实现全球碳中和。如果将全球变暖控制在2℃目标，则必须在2075年左右实现全球碳中和。中国从自身国情出发，提出了“努力争取2060年前实现碳中和”的战略目标。中国目前的碳排放量大约占全球排放总量的29%，作为世界上最大的发展中国家，中国将完成全球最大的碳排放的强度降幅，用全球历史上最短的时间来实现从碳达峰到碳中和。笔者觉得这三个“最”是对中国碳达峰、碳中和面临巨大挑战的最好概括。

第三章　零碳转型之路

中国的零碳转型之路或将提前实现

“双碳”重塑世界新格局

减排义务与经济发展

气候变化政策与短期经济波动

中国的零碳转型之路或将提前实现

林伯强

● 厦门大学中国能源政策研究院院长

中国蓝碳生态系统与“双碳”目标的关系和挑战

海洋是可以吸收碳汇的，但笔者觉得它的最大问题仍然是比较难评估，海洋那么大，观察海洋变化是很难的，目前很多国家都在做这方面的研究，蓝碳应该比较适宜应用在深度脱碳阶段。要实现“双碳”目标，一个途径是减排，另一个途径是抵消。但笔者认为无论是蓝碳还是森林碳汇目前都处在规划和研究阶段，所以现阶段的“碳中和”目标实现途径还是以减排为主，大家都关注怎么发展清洁能源。

突破氢能技术的挑战

当今的氢能主要有三个来源：电解水制氢、天然气制氢和煤制氢。但天然气制氢和煤制氢本身就是一个碳排放的过程。那么氢能如何对碳中和产生贡献呢？我国的《中华人民共和国国民经济和社会发展第十四个五年规划和2035年远景目标纲要》中将氢能和储能列入前瞻谋划的未来产业，未来将重点进行发展布局。目前西北沙漠有许多价格低廉的风电光伏能源，当地无法利用，这个时候氢能就可以把它变成可储藏、可运输的能源。所以，未来氢能需要与可再生能源进行更深程度的融合，我们预计储能领域将成为氢能的重要应用场景之一。

中国有可能提前五年实现碳达峰

之前笔者保守估计中国在2025年或2026年就可以实现碳达峰，但以中国目前这种发展趋势来看，应该还可以提前一两年，但是具体碳排放峰值是多少目前还是比较难判断的，取决于这几年的经济走向。碳排放量跟经济是相辅相成的，如果对经济增长没有准确判断的话，就很难判断碳排放高点。

实现碳中和的途径包括产业结构调整、能源结构调整、能源效率提高、负碳技术、制度创新等，目前这些方面不确定的因素太多，即便数学模型可以算出一个数字来，也并不一定准确。

碳达峰之后还要实现碳中和，碳达峰只是二氧化碳排放量从增转减的“拐点”，如果碳达峰的峰值过高，后面要实现二氧化碳的“零排放”，即碳中和的成本就会相对增高。所以考虑碳中和，我国要尽快实现碳达峰，并尽可能将峰值控制在低点。

中国实现碳中和、碳达峰目标对经济的短期和长期的影响

笔者觉得“双碳”目标在短中期内对经济的影响应该还是比较大的。为什么这么说？第一，中国目前的能源系统是个非常稳定安全的系统，从成本、经济性和稳定性上来讲都是很好的系统，缺点就是碳排放太高。如果要实现“双碳”目标，就要对这个系统进行颠覆性的改造，建立一个以清洁能源为主的系统，这就需要在一定程度上对传统能源行业的产能进行压缩，而摒弃传统能源转而使用新能源会造成能源成本上涨的问题，所以实现“双碳”目标在短中期内对经济的影响是负面的。

第二，在中国生产总值中，第二产业占比接近四成，而这也是碳排放的“重灾区”。实现“双碳”目标的过程，也是中国经济增长动能的转换过程，也就是从传统的高碳产业转型成绿色的低碳产业。而在这个过程当中，一旦出现失误，比方说旧的经济模式被压缩了，但新经济模式却没能顺利接棒，这显然

是会带来风险的，短中期内对经济是不利的。

中美欧的碳中和目标和博弈

美国和欧盟都承诺到2050年实现碳中和目标。作为发达国家，他们已经提前实现了碳达峰，从碳排放量方面来说，他们化石能源比例和中国差不多，都在85%左右，但由于他们的煤炭储量较少，减少碳排放量相对比较容易。中国实现碳中和难度较大，一方面，因为中国目前仍是全球最大的碳排放国，碳排放总量占到全球的三分之一，所以减排任务比较艰巨；另一方面，中国在进行碳减排的同时，还要保持经济的高速增长，这就给碳减排增加了难度。

欧盟正在筹划的碳关税对中国的影响

对一个国家征收多少碳关税才是合理的很难界定，征税标准很难让每个国家都信服，弄不好很可能演变成一场贸易战。增加碳关税的初衷是为了实现碳中和，但如果加税不利于碳中和的实现，欧盟是不会轻易执行碳关税的。

“双碳”重塑世界新格局

陈卫东

- 中海油服原副总裁
- 中国海油原首席能源研究员

碳中和与碳达峰是什么

什么是碳中和与碳达峰？简单来说就是让温室气体的排放与净化达到平衡。工业革命以来，人均能源消费量随人类社会发展不断提高。从联合国发布的人类社会发展指数来看，发展指数越高的国家，人均能源消费量就越高，没有例外。近几十年来，科学家们及普通老百姓都越来越注意到，气候变化带来了重大的环境影响，甚至影响到整个地球上生物的生存。有温度记录以来，这100多年来地球平均温度持续上升，这是引起气候变化的主要原因，而大量持续增加的温室气体排放则是造成地球平均温度上升的主要原因。这种理论（或者假设）已经被广泛接受，这也是

《巴黎协定》被广泛接受的原因。

但其实这个理论一直以来都是有争议的，20~30年前埃克森公司的CEO雷蒙德先生是反对派的一面旗帜，迫于舆论压力，雷蒙德先生退休后，埃克森不再公开高举反对旗帜，但其以生产石油、天然气为主营业务并没有改变。从撒切尔时代开始，英国就开始减煤，一开始是出于经济原因，后来慢慢地加入了环境保护的因素。英国工业革命开启了煤炭时代，曾经是最大的煤炭生产国，而今天英国已经关闭了所有煤矿，不再生产煤炭。最近看到有报道说，英国政府计划在2024年关闭最后一家燃煤电厂。

BP石油公司发布的《2020年世界能源展望》报告上把气候变化问题归纳成两个方向的问题：一是未来能源需求的持续上升；二是要尽可能减少温室气体排放，主要是二氧化碳和甲烷等气体的排放。这就成了一对矛盾。根据计算机的模拟，现在二氧化碳的排放量约为500亿吨/年，如果不加控制的话，到2050年，整个大气温度会升高2℃甚至更高。如果想要将温度升高控制在1.5℃以内，那么根据模拟结果就要求2050年全球的碳排放为零。大家都知道“二十四节气”是中华文明对世界文明的一大贡献，春华秋实，根据季节变化播种收获、繁衍生息造就了伟大的中华民族。许多其他文明也有类似的发现和实践，这些发现都是基于人类对于太阳与地球关系的变化观察的总结和应用。以北京为例，夏天最高温度可达40℃。冬天最冷可达-20℃，温差达到50℃~60℃。这种温度变化是“太阳因素”造成的，而非人类活动因素造成的结果。但现在的气候变暖到底是太阳因素还是人类因素，或者叫地球因素造成的还是有争论的。中国著名科学家竺可桢先生，做了中国古气候变化研究，并绘制了几千年来中国古气候变化曲线，根据他的研究成果，中国气候现在正处在一个小的升温期内。大家可以把竺可桢先生的成果再拿出来研究对比一番，可能会有新的启发。

何谓碳达峰

目前社会普遍接受全球气候变暖的主要因素是“地球因素”（人类活动因素）而非“太阳因素”，所以想要减缓升温必须首先减少温室气体的排放。温室气体是可以积累的，历史的温室气体排放造成了过去100多年来的气温升高，而温室气体排放与经济活动和化石能源直接相关。全球经济持续发展，化石能源消费持续增加，温室气体排放持续增加。温室气体从增加到减少的“拐点”称为碳达峰，就像登山一样，先爬到顶点再往回走。碳达峰是一个简约的表达方式，因为温室气体不仅包括与碳相关的二氧化碳和一氧化碳，还有甲烷等其他气体。三大经济区域中，欧洲已经完成了工业化进程，产业结构已经进行了多年的调整，基本实现了碳达峰。美国能源结构以化石能源（石油天然气占能源消费的65%，煤炭占18%）为主，正在峰值时期。中国、印度等亚洲发展中国家工业化进程尚未完成，能源结构中80%以上还是化石能源，而且增长还将持续一段时间，碳达峰的压力非常大，尤其是能源结构仍然以煤炭为主的中国。

何谓碳中和

碳达峰之后温室气体排放总量需尽快减下来，但只要有经济活动，温室气体（碳）排放就不可能为零。那么，有什么东西可以吸碳，把碳给收集起来呢？我们把收集二氧化碳储存起来叫作CCS（碳捕集和碳储存），把收集二氧化碳再利用叫作CCUS（碳捕集、利用与封存）。目前世界上有20多个示范项目在做这类研究尝试，但还没有看到成功的报道。总的来说，通过植树造林、节能减排等形式，抵消自身产生的二氧化碳排放量，实现二氧化碳零排放，就叫碳中和。

化石能源的开采生产、炼化和使用是目前碳排放的主要源头，约占人类活动全部碳排放的80%，在中国尤为如此。就分子结构而言，煤炭的分子结构大概是1个氢原子，10个以上的碳原子；石油的分子结构是1个氢原子，2个碳原子。天然气主要成分是甲烷，甲烷的分子由4个氢原子、1个碳原子组成。能量守恒物质不灭，能源燃烧产生热能，再转换成动能或其他形式的能做功。氧原子和氢原子燃烧产生热能，一般而言碳原子并不参与这一反应过程，但碳总是需要排放出来的，不管是以气体、固体还是以液体形式。减少排放温室气体，目前最重要的方法就是千方百计地减少化石能源的使用，首先是要减少煤炭的使用，然后是减少石油的使用。因为天然气排放的二氧化碳只有煤炭燃烧排放量的一半左右，所以目前天然气被认为是过渡能源。虽然天然气是最洁净的化石能源，但仍属于含碳能源，最终也是要被无碳能源替代的。

中国能不能实现碳达峰？肯定是可以的，只是考虑什么时候达到而已。在碳达峰和碳中和进程中，排放体量大是个弱点。体量大引人瞩目，减排压力大、成本高。但大也有大的优势，体量大的原因是经济活动能力强，减排和收集利用的手段也就多。现在全球人类活动总的二氧化碳排放量估计是500亿吨，其中中国排放量约为100多亿吨，超过了20%。那么中国能不能在

2060年达到碳中和呢？目前来看困难重重，笔者对此不太乐观。

实现“双碳”目标对经济的短期和长期的影响

笔者认为“双碳”目标对经济发展在短期内有重大影响。

人类面对的生存环境在持续恶化，中国又是一个还没完成工业化进程的国家，能源消耗还在不断增加，尤其是煤炭消费。所以，“双碳”目标短期内对经济肯定有重大的冲击。过去200多年的能源转型，主要驱动力是技术进步和成本降低。这一次能源转型是由环境保护驱使的，主要是通过减少化石能源的使用，尽量减少碳排放。而对中国经济发展来说最致命的就是减少煤炭的使用。中国现在的能源结构中煤炭的比重占57%，煤炭燃烧（煤电的本质也是煤的燃烧）排放的碳是最多的。由环保驱动能源转型，不仅是经济层面的进步，更是道德层面的进步，但在一定程度上会提高能源使用成本，所以短期影响肯定很大。

想要降低“双碳”目标对经济的影响，我国就要严控煤电项目、构建以新能源为主体的新型电力系统、推进绿色低碳电气化进程。目前我国70%的电是由热电站供应的，我国年消耗煤炭超过40亿吨，一半都是用来发电，目前最大的挑战就是如何改变发电结构。国内正在运行的燃煤电厂达到上千个，想让这些燃煤电厂一次性退出是不切实际的，不过可以通过一定的方案让这些燃煤电厂实现有序退出，同时推动清洁能源发展，也就是说将传统燃煤发电变为由新能源发电。就实现碳达峰的目标而言，电力的基础设施投资和管理最大的挑战就是如何降低电力系统的温室气体排放（核心是减少二氧化碳排放）。煤电能源用什么能源来替换？尽管中国的可再生能源装机占比很大，但是光伏和风能还不是连续的低密度能源。能源转型一般会形成两个轨迹：一个是从高碳到低碳再到无碳，另一个是从低密度到高密度。

中国的火力发电行业不仅有世界密度最高的发电厂，耗能很低，还建有超高压长距离输电网络，这些基础设施都是十几年前投资的，并且投资额巨大。而可再生能源属于低密度能源，可再生的风能、太阳能等存在不连续、不稳定的问题，想要利用这些能源就要先解决储能问题，但目前的技术尚且实现不了大规模、有竞争力、安全的电网端储能。

抽水储能目前在技术领域已经取得突破，但现在80%~90%的抽水储能还在采用传统的技术，需要得天独厚的地理条件，主要用于电力系统的调峰填谷、调频、调相、紧急事故备用等。

目前，全世界抽水发电量仅占总发电量的2%~3%，储能的规模还很小。

煤炭行业转型的瓶颈

从全世界范围来看，目前大概有30%以上的天然气用于发电，OECD（经济合作与发展组织）国家大多如此，包括美国在内。2021年美国可再生能源发电量首次超过了煤电，这个超越主要得益于风电的快速发展。而中国目前还是煤电一家独大。怎么来解决这个问题？

我国自然资源的特点是多煤、少油、缺气，保障能源供给不仅是经济问题，还涉及国家安全问题。煤电转气电在技术上是成熟的，基础设施也没有太大的问题，核心问题是：气电成本比煤电成本高不少，加上原有的投资成本，由谁来支付这个转型的成本？发达国家电力市场改革和能源转型已经进行了几十年，德国在弃核、弃煤和增加可再生能源供给方面做了大量的卓有成效的工作，但在用能成本方面也付出了巨大的代价。英国政府在关闭煤矿、煤电厂问题上和煤炭工人工会进行了长达半个多世纪的激烈的斗争，英国的能源转型终端用户增加的成本并不高，值得中国学习借鉴，但现在的问题是我们没有足够的时间去换取转换成本的空间。

海洋石油行业的碳减排方式

跨国石油公司的碳减排工作主要有两个路径：一是自己作业过程中减少碳排放；二是提供给客户的产品也要减少碳排放。但对于石油公司来说，要想保证一定的产量，很难减少碳排放。

这就是为什么雪佛龙公司也好，壳牌公司也好，公司管理层纷纷被股东们质疑。在埃克森美孚的董事会选举上还增加了环保积极分子，因为在碳减排目标上股东们认为管理层不够进取、力度不够大。中国的“三桶油”至今尚未公布类似于跨国石油公司的减排指标，因为对石油公司来说，经营指标、投资回报指标、分红、可持续运营和能源转型、减少排放是两套考核体系，在目前的技术条件、宏观经济环境和社会普遍观念下是明显存在矛盾的。

不看好能源企业跨界到新能源汽车行业

汽车行业和能源行业在结构上有相似之处。随着工业现代化的发展，集中生产、集中供给，使得行业内几家头部公司的规模巨大。汽车行业就那几家，石油公司也是，并且有着类似的结构，所以石油公司以为转向汽车行业就能解决自己的问题。“大象”转身需要很大的空间，那么只要能找到一个大的产业就能实现华丽转身？笔者认为并不是那么简单。记得曾经有一家著名的美国PC公司，新任CEO在一个电视节目上说在他的领导下，公司会像一头巨大的、饥饿的、灵活的“大恐龙”，重获活力和新生，如今这家公司却已经不存在了。欧洲几家IOC（国际石油公司）先后表示要转型成为IEC（综合能源公司），要在电力行业全产业链发展。

笔者并不看好如此的转型，中国的“三桶油”也至今没有转向汽车行业发展的打算。这些超大公司想要在产业转型的同时，既保持原来的规模，又给股东更好的回报，其实不太可能，历史上也没有类似的巨型公司产业转型成功的案例。

碳税和碳市场的展望

对于碳达峰与碳中和这样一个大的话题，它涉及很多领域，而不仅仅是能源，能源只是一个主要的方面，因为我国的能源结构是以化石能源为主，它的碳排放最多，所以受冲击最大的就是它。

所谓市场化的形式，碳税被认为是最有可能的用“看得见的手”，即经济驱动来解决问题的办法，解决方案就是市场化。中国作为一个最大的贸易国，有最大的制造产业，向全球提供最多的制造品，但是美国和欧洲并没有承认中国的市场国家地位。碳交易和碳价是市场“这只看不见的手”用来解决能源转型和减少碳排放问题的手段。我国目前需要“两只手”的共同作用来加快这个进程。

在这一大的背景下，碳交易市场就是要通过市场手段来解决碳排放和碳约束问题。排碳总量的计算和测量是很困难的；碳价格是把外部成本内部化的一种手段，同样也是一个困难问题。欧洲是碳价的实践先行者，十几年了还没能形成共识，可见其难度之大。因此，笔者不太看好碳税和碳市场的发展。

碳达峰、碳中和是改变世界的新手段

几次大的经济转折，都伴随着大的技术进步，或者说是世界治理模式大的改变，更直接一点说就是通过战争完成的改变。中国的鸦片战争从某种意义上说也是通过战争来改变经济模式。英国想打开中国贸易的大门，于是就发动了鸦片战争。1840年的鸦片战争是中国进入现代社会的一个标志性的事件。美国之所以强大，也是由于“二战”给美国的制造业带来了发展机遇，大规模航母、军舰，每周几十架、上百架飞机的制造，给美国带来了巨大的改变。“二战”后，世界形成了两大阵营，资本主义胜出带来了市场经济的全球化。冷战结束不是通过“热战”完成的，“热战”也不再是改变世界地缘格局和经济模式转化的主要手段。未来，碳达峰、碳中和也许是最重要的改变世界的新手段。哪个国家能够在这一过程中发挥重要的影响力和占据主导地位，哪个国家就将会是下一个文明阶段的领导者。

没有战争造就的经济和治理模式的突变，就没有赢者通吃的格局。没有新格局来实现新的治理理念，新的生产方式的产生就将会是一个漫长的过程。70年没有世界大战是好事，但各说各有理，各有各的政治立场，会使世界再一次进入混沌，人类社会可能需要再一次启蒙。文明冲突在美国内部已经很严重了，从这个意义来讲，再加上这次的疫情，也许世界将迎来格局重塑的新契机。“二战”就曾是一个重塑世界的重大契机，或者说是一种动力、一种机遇。

面对这样的大格局，尽管一开始笔者就提到，全球气候变暖是人为因素还是客观因素造成的目前还没有定论，但是从观测的数据来看，100多年以来全球气温持续上升是事实，气温上升造成的影响也是重大的，因此大家普遍认为是人为因素造成了全球气候变暖。

能源转型、“双碳”目标最初由欧洲推动，类似于文艺复兴时代，欧洲再一次获得了话语权，再一次站在了推进文明进步的道德高地上。他们肯定会尽可能地去利用这一优势。碳达峰、碳中和正在启动非战争状态下对全球格局的重新塑造，这也许真的将成为人类文明发展的一个新“拐点”，给世界带来巨大的改变。但是这个改变不会像战争那样，是枪杆子压迫下的突变。《巴黎协定》中的条款美国却出尔反尔，混沌的态势要持续很长一段时间。既然人类无法迅速改变这样的状态，那么就只有去认识它、适应它。人类文明发展经历了农业文明、工业文明，下一个文明是什么？生态文明吗？

碳达峰、碳中和是具有重大意义的事情，它虽然不是按照战争改变世界文明进程的模式，但中国可以通过这个进程再次赢得世界其他文明的认同。中国可以通过这个进程再次赢得其他文明的认同，成为创造新文明的重要成员，这也是民族复兴的内涵。对中国而言，这一次可能比任何一次变革机遇都更多。从这个角度来看，这次世界格局的重塑不同于过去几次重大格局的重塑，但从认知上说这次格局变化加上新冠肺炎疫情的影响，可以堪比世界大战造成的影响，虽然它改变历史进程的速度肯定不如战争。“二战”之后的全球治理体系，例如联合国、IMF、世界银行、国际法庭等一系列的组织机构，都是在短期内形成的，随着70年的社会变化，又重新陷入混沌。“二战”后的这套格局是在一种理想主义的状态下形成的。冷战后的世界格局，达到了理想主义破灭前的顶峰。日裔美国学者福山先生的《历史的终结和最后的人》一书代表了理想主义最乐观的一种认知，而目前的世界格局远不是这种认知下的样子。理想主义已经破灭了，笔者把现实称为“后理想主义时代”。

大部分人认为人类可以终结探索，社会可以通过民主、人权、市场经济、自由竞争和全球贸易一体化，进入资本主义。但是现在这个认知可能要破灭了。那么是不是会通过碳达峰、碳中和这个契机开始新一轮的启蒙运动？“双碳”目标带来了一次新的启蒙，对物质的欲望变成了对整个生态文明的尊重。中国从农业社会到工业社会的转变，是被迫的；从计划经济到市场经济的转变，也是被动的。这一次中国人也许可以主动一次，至少可以不再扮演被动角色了。

三种世界治理模式的碰撞

现在的世界形势好可以说是三种世界治理模式的碰撞，即美国模式、欧洲模式，还有中国的模式。在“双碳”目标下，尤其是在化石能源要逐渐退出的情况下，美国模式最先受到冲击。这就是特朗普要退出《巴黎协定》的原因。美国最担心的是支撑美国目前领导地位的三个因素，美元、美军和美国技术及创新。

首先，对美元会带来重大的挑战。布雷顿森林体系解体之后，美元作为世界货币，最重要的基础是石油，石油是稳定美元的一个锚。石油消费下降，会导致全球经济通胀，美元去往何处？美元之锚从黄金变成石油，使美元的世界货币地位稳定了几十年。因为美元，美国成为这几十年通货膨胀最小、经济最稳定的国家，它可以用美元来收割全球其他国家的“韭菜”但今后如何？

其次，对现有的社会治理模式提出挑战。目前中美贸易矛盾的焦点问题是芯片而不是石油天然气。虽然芯片很轻，但技术的集成度很高，而且不需要占用太多的自然资源，是一种知识密集型的无形资产，可以促进网络技术进步。所以，今后人类社会面临最大的挑战不是能源和贸易，而是扁平化的信息传递与金字塔式的人类治理模式的冲突。全世界各国政府都想把已经扁平化的信息传播再金字塔化，以配合传统社会治理的金字塔模式，这就造成了信息传播与传统治理的冲突。

这次疫情中，欧洲的情况反映出人类社会治理的金字塔模式不可能马上改变的事实。人类社会发展经历了个人、家族、部落、方国、邦国、城邦、联邦、区域国家联盟和联合国等模式，这些模式的共同特征是都有地理边界。随着地理边界不断的扩大，金字塔模式也随之扩大，且日趋严格。但是随着网络的传播和应用，如今这种边界逐渐模糊。博客一出现，就被称为“虚拟部落”，未来还可能发展成“虚拟邦国”，甚至是“虚拟国家”。过去人类文明的发展以地理边界的不断扩大为特征，现在边界没了，或者说由有形边界演变成无形的“虚拟边界”，这也许才是人类文明面临的最大挑战。

面对矛盾、面对混沌，新的方向在哪？路在何方？笔者还不太清楚，但却认同电视剧《西游记》主题曲里的一句歌词——“路在脚下”。

减排义务与经济发展

管清友

● 如是金融研究院院长

“双碳”目标对我国经济的短期影响是被动出清，长期影响是产业转型，核心是要平衡好“减排义务”和“经济发展”之间的关系。

一方面，温室气体排放对全球气候影响巨大，过度的排放将严重影响人类生活，甚至引发气候危机。另一方面，碳排放权也意味着一个国家的发展权。由于发展的阶段不同，很多发达国家已经完成工业化，累积排放了大量的温室气体，现在正在向新型清洁能源转型；而发展中国家正在工业化发展的道路上，碳排放权对这些国家来说意味着发展机会。根据BP公司的统计数据，2019年中国二氧化碳排放量是98.25亿吨，美国是49.64亿吨，中国已经是美国的两倍。但是从人均排放量来看，中国仅为美国的一半左右。“减排义务”和“经济发展”之间有着较大的冲突，想要努力实现碳达峰、碳中和目标，就必须开展低碳、零碳的经济活动，想要经济发展与节能减排并行，涉及产业转型、技术升级等任务，这些将成为影响未来经济走向的主导因素。

材料革命是未来科技创新的重要突破口

碳达峰、碳中和战略对于行业的影响主要体现在两方面：能源和材料。任何行业要实现“双碳”目标都离不开能源革命和材料革命。以汽车为例，如今的新能源汽车单月销量占比已经达到10%以上，这是通过能源与动力方式变革来实现碳减排；另外钢铁、水泥、铝材等需要高碳排放生产的原材料也会在各个行业内被逐步取代，随着碳纤维等复合材料技术的成熟、成本的降低，新材料的普及和适用会越来越广泛。如今我国在能源革命上有一定的先发优势，特别是新能源汽车制造及上游产业链已经初具规模且相对完整。未来材料革命也势在必行，将成为科技创新的重要突破口。

碳达峰、碳中和目标下煤炭转型面临的严峻考验

煤炭行业的转型主要取决于下游发电结构的转变，当前中国发电结构仍以火电为主。相关数据表明，在中国2019年总发电量中，火电占68.9%，是中国第一大电力来源，煤炭作为国内能源的重要组成部分，短期内的主导地位仍然难以被替代。但从长期来看，碳中和必将推动能源结构的变革。随着技术进步，发电结构大概率会向风电、光电等清洁能源倾斜，火电将逐渐退出。这样煤炭行业集中度必然会迅速攀升，产能逐步向资源禀赋好、开采条件好的地区集中。

全国碳市场建设

实现“双碳”目标任务艰巨、责任重大，技术和资本缺一不可，自然少不了金融的助力。2021年以来，各部委密集出台金融政策支持发展绿色金融，提倡创新绿色金融工具。如今绿色信贷、绿色基金、绿色债券在我国发展都相对比较成熟了，但是上述几种绿色金融工具还只是在方向上“绿色”，只是在资金流向上向“绿色”相关企业倾斜，市场化程度低、可持续性不强，仅适合碳中和战略实施的初期。从长远来看，金融机构

应该着眼于碳交易市场，通过更加市场化的方式，更有效地推进各产业实现目标。目前中国每年的碳排放总量约100亿吨，以2025年纳入碳交易市场比重30%~40%来测算，未来中国碳排放配额交易市场规模将在30亿吨以上，这已与欧盟总排放量水平相当，完全具备设立交易所的条件。目前国家高度重视这一点，我国之前就对区域性碳市场做过试点，如今全国碳交易市场已建设完毕，并正式上线。

各方势力进驻新能源行业

2019年新能源补贴大幅退坡之后，新能源汽车的供给已经完成了一轮出清，不少通过资本运作、骗取补贴为生的所谓“造车新势力”已经被淘汰，留下的新能源造车企业大多都是“精兵强将”。如今新能源造车行业四分天下：传统车企、汽车新贵、造车新势力、行业大腕。传统车企指的是以丰田、奥迪等为代表的耳熟能详的汽车大牌，企业有上百年的历史，拥有先进且深厚的燃油车制造、调校技术，但是在新能源汽车领域发展一般；汽车新贵以特斯拉、比亚迪、吉利为代表，虽然在传统燃油车领域发展一般，但是在新能源领域属于不错的车企，并已初步形成规模；造车新势力是以理想、小鹏、蔚来为首的

“后起之秀”，它们原来对汽车行业并不熟悉，但是借助技术的迭代、资本的助力，实现了异军突起；除此之外，小米、美的、华为等行业“大腕”也开始进场，比如美的打入了汽车零部件市场，华为进军了汽车软件市场，而小米更注重将汽车整合进物联网生态系统中。现在各方势力各展所长，已形成良性竞争的局面。传统车企应该和汽车新贵、造车新势力相互学习；行业大腕应扬长避短，在造车产业链中发挥出自己的技术特色和优势。

欧盟计划的碳关税与对中国的影响

虽然当前欧盟尚未公布碳关税的范围、税率等细则，但已经是“箭在弦上”，应提前做好应对准备。所谓“碳关税”，其实指的是欧盟于2021年3月10日通过的碳边境调节机制（CBAM）议案。根据现在公布的信息，CBAM的立法将在2022年完成，2023年开始试点，2026年开始全面实施。目前官方并没有公布CBAM具体的适用范围，不过根据之前各方披露的消息可以大概估计出CBAM的适用范围限于水泥、电力、化肥、钢铁和铝的进口，均为传统能源领域的重点行业。BCG（波士顿咨询公司）的研报数据显示，欧盟市场成品钢材进口的主要来源国为土耳其、俄罗斯、韩国、印度和乌克兰，从这五个国家进口的数量占总体的65%。而中国钢材出口的目的地主要为东南亚、亚洲国家，欧洲所占比例并不大。但碳关税从严将会是未来的发展趋势，会倒逼中国出口结构和产业结构转型。

碳中和板块近期活跃

碳中和不是一刮就跑的风口，而是涉及一系列能源结构调整、一系列技术进步、一系列发展方式转变的重大变革。当然产业的转型、技术的升级，少不了资本的助推和政策的支持。可再生资源利用、发电技术、储能技术、氢能技术、电子化与数字化技术等领域都将迎来发展良机，从而提升资本市场对于这些领域的发展预期，进而抬高其估值。

汽车行业可能有的减少碳排放作为

从我国“双积分”政策可以看出未来汽车行业发展的路径。之前发表的研报中也明确提出，对于汽车行业，减少碳排放有两条路径：一是个体减排——每辆燃油车通过技术改良，达到节油效果，从而达到减排目的；二是整体减排——普及新能源汽车，把每辆车零散的碳排放集中到上游的发电过程，通过改变发电方式来减排。基于这两条路径，形成两类积分：一个是新能源汽车积分（NEV积分），另一个是平均燃料消耗量积分（CAFC积分）。其积分原理从结果来看即为：生产的低能耗汽车越多、节油效果越好，则CAFC积分越高；生产的新能源汽车越多，则NEV积分越高。如今一个新能源汽车积分（NEV积分）已经卖到4000元。未来新能源车企，如特斯拉、比亚迪等，将会成为“卖碳翁”，仅靠卖双积分就能赚钱；传统车企则每年要负担数亿元的买碳成本，最终只能被动转型。

气候变化政策与短期经济波动

郑新业

- 中国人民大学应用经济学院院长、党委副书记、教授
- 中国宏观经济论坛（CMF）主要成员

伴随着中国特色社会主义进入新时代，我国经济已由高速增长阶段转向高质量发展阶段，高质量发展要求绿色发展成为发展的普遍形态，这对我国生态环境治理体系的构建提出了更高要求。为推动绿色生产生活方式的实现，习近平主席在第75届联合国大会一般性辩论上明确提出“中国将提高国家自主贡献力度，采取更加有力的政策和措施，二氧化碳排放力争于2030年前达到峰值，努力争取2060年前实现碳中和”（简称“3060”目标）。这是中国首次向全球明确实现碳中和的时间，也是迄今为止各国中做出减少全球变暖预期承诺力度最大的。

为实现该目标，我国必须采取更加有力的政

策措施来促进减排，而减排政策对减缓全球气候变化做出卓越贡献的同时也势必会对我国的经济和社会发展产生影响。当前许多研究关注减排政策对经济增长的影响，但减排对宏观经济政策另一重要目标——充分就业的影响也尤为关键。特别是在当前新冠肺炎疫情冲击下，就业问题十分严峻。实现稳定充分就业既是民生之本，也是畅通内循环和推进需求侧改革的重要保障。基于此，评估碳中和背景下减排对就业产生的冲击具有重要意义。

减少碳排放对就业的影响有多个方面。首先是通过影响经济增长进而影响就业。从我国二氧化碳排放、国内生产总值和城镇就业人数的变化趋势（如图1所示）可以看出，我国的经济增长伴随着二氧化碳排放的增加，而经济发展水平直接影响着就业人数的增长。

其次是通过提高企业成本进而减少劳动力需求。碳排放伴生于能源消费过程，推进化石能源清洁应用和提升非化石能源比重是减少碳排放的关键举措，而这两方面举措都将提高企业的用能成本，进而对企业劳动力需求造成负面影响。但是，长期来看情况可能相反，根据波特假说，环境规制会刺激企业技术革新，提高企业生产力，从而抵消减排成本并且提升企业在市场的盈利能力，进而对就业产生正面的影响。

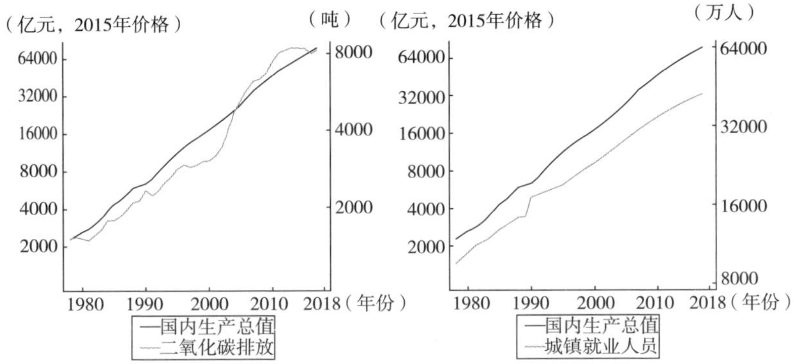

图1　二氧化碳排放、城镇就业人数与国内生产总值

资料来源：China Emission Accounts and Datasets、《中国统计年鉴》。

再次是改变产业结构。新能源产业和新业态将在这一转型过程中被重点扶植，而火电、煤炭及煤化工领域将受到明显冲击。随着传统能源行业的萎缩，许多就业岗位将不复存在，但新能源行业也会创造新的就业岗位。因此在这种情况下，能源供应结构调整对就业人数的影响并不明确。图2选取了2016年煤炭采选业与石油加工、炼焦和核燃料加工业两个能源行业，比较其就业人数与能源结构的关系。淘汰落后产能对节能减排具有积极作用，而落后行业往往是劳动密集型企业，具有强大的就业吸收功能，因而从这一角度来看，为实现碳中和所进行的产业结构调整将带来就业人数的下降。

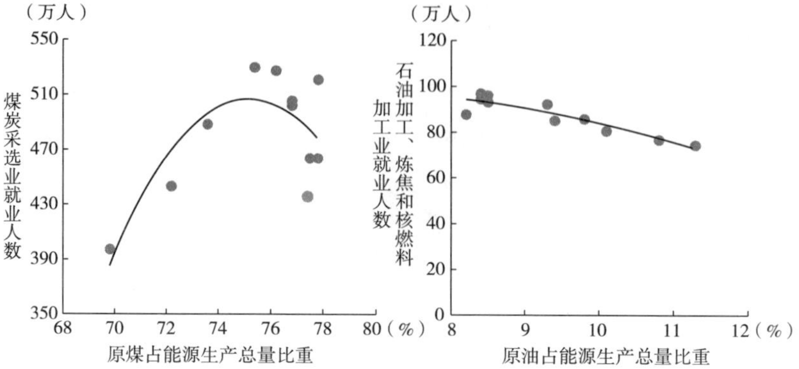

图2　2016年能源行业就业人数与能源供应比重

资料来源：《中国工业统计年鉴》和《中国能源统计年鉴》。

最后是转变贸易方式。从经济增长方式来看，出口是拉动我国经济发展的“三驾马车”之一。我国长期的要素价格扭曲造成了劳动力和原材料价格相对低廉，大量的劳动密集型产业和加工环节被转移到中国。碳减排意味着之前的劳动密集型和加工环节的企业都要加速转型，这在提高产品附加值的同时也会导致就业人数的下降。

奥肯定律指的是产出与失业率之间存在一个短期关系，我们可以基于奥肯定律构建气候变化奥肯定律分析框架，研究二氧化碳排放与失业率之间的关系。利用1997—2017年中国省级面板数据进行的实证分析结果显示，短期内碳排放增长率平均每增加1个百分点，城镇就业人数增长率就平均增加约0.12个百分点。这意味着从全国平均来看，每降低1个百分点的碳排放增长率，需要付出就业增长率下降0.12个百分点的代价。而从长期来看，碳排放对就业人数的影响将逐渐减弱。

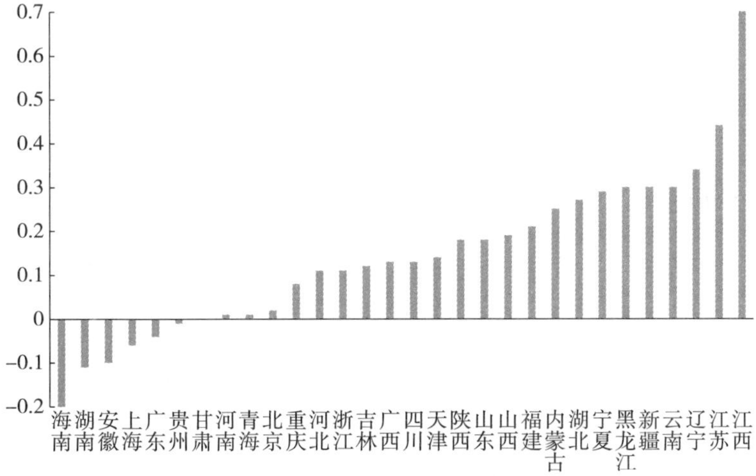

图3　各省气候变化奥肯系数

从各省考察的结果（如图3所示）来看，碳排放对我国各省就业的影响处于–0.2~0.7。碳排放对就业影响较大的地区主要为中西部地区，江苏和福建两省气候变化奥肯系数较大的原因可能是其经济发展主要靠外贸推动，而加工贸易是两省对外贸易和开放型经济的重要组成部分，其在吸收就业上发挥了重要作用，而减排政策的实施、环保标准的提高必然会对外贸企业产生冲击，进而对就业产生影响。从该结果可以看出：碳排放对不同地区就业的影响具有差异性，这为中央政府向地方政府进行任务分派、因地制宜采取减排政策提供了科学依据。

进一步的研究表明，碳排放对就业人数的影响与经济产出、经济结构、能源结构和外贸比重等因素有关。经济产出方面的结果显示：在减排过程中，每减排1%，对就业产生的直接影响是使就业人数下降0.04%，因为减排政策对特定能源行业会产生直接影响，例如火电行业；减排政策通过减缓经济增长而对就业产生的间接影响是使就业人数下降0.07%，原因可能包括产业结构的调整等。图4展示了气候变化奥肯系数的动态变化，图中的曲线显示碳排放对就业的影响随时间的变化而不断降低，这在一定程度上表明经济发展程度越高，碳减排对就业冲击就越小，这显示了减排时段安排的重要性，也就是说减排时段的选择与减排成本密切相关。需要注意的是，最后一期的滚动窗口对应的奥肯系数呈现小幅上升，这主要由于碳排放总量在2016年后出现了小幅反弹。图5展示了不同经济发展水平省份的气候变化奥肯系数分布情况，可以看出，在经济发展水平较低时，减排政策的实施对就业的影响程度较小，而随着经济发展水平的上升，减排的就业成本开始上升，但当经济发展到足够

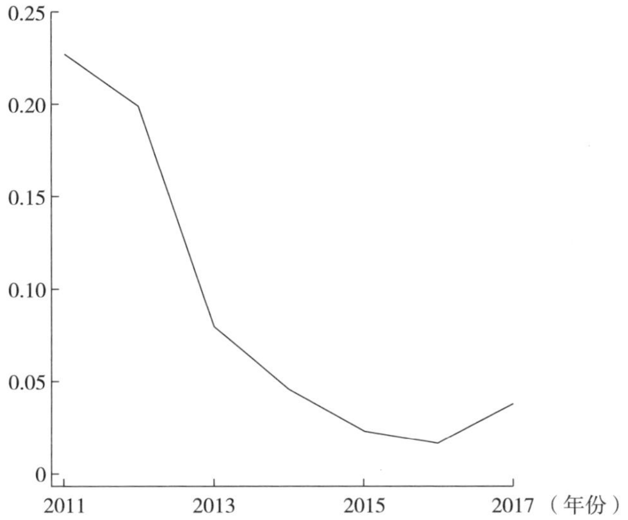

图4　气候变化奥肯系数滚动窗口分析

高的水平时，减排的就业成本又会有所回落。这个结论反映了因地制宜采取减排政策的重要性，对于北京这类已实现碳达峰的城市，经济发展水平已经达到较高程度，产业结构和能源结构都已处于较为合理的水平，此时技术禀赋的提升将是实现减排的关键，减排对就业市场的影响较小。对于中西部地区来说，由于经济仍处于发展时期，且多以第二产业为主，此时实施减排政策会付出较大的劳动力成本。

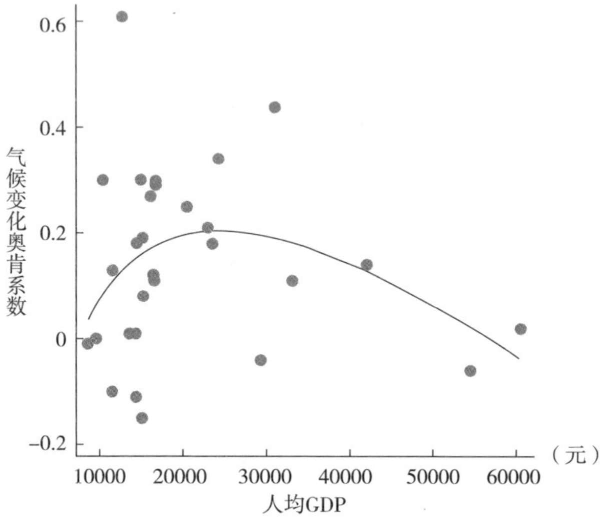

图5　分省份短期气候变化奥肯系数与经济发展水平关系

经济结构方面的研究显示：碳排放对就业的影响有50%是通过影响产业结构发挥作用的，且主要是通过影响第二产业增加值来发挥作用。碳排放增长会显著加重经济的重工业化，而减排会通过减轻重工业化，减少对劳动力的需求。不同经济结构省份的短期气候变化奥肯系数分布情况（如图6所示）表明，第一产业占比越小而第三产业占比越大的省份减排的就业成本越小，而第二产业比重越高的省份，减排的就业成本越高。这意味着产业结构越优，减排难度就越低。就中国目前的情况而言，第二产业仍是拉动我国经济发展的主要驱动力，此时大力推进减排工作，将会对就业市场产生极大的冲击。

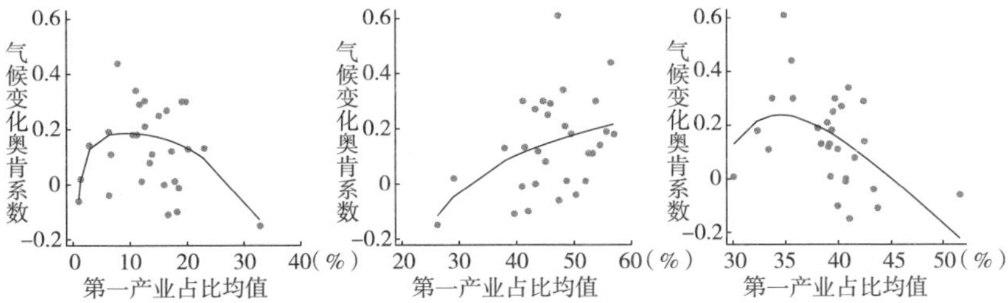

图6　分省份短期气候变化奥肯系数与经济结构关系

在能源结构方面，高煤炭消费必然会导致高排放，那么此时进行减排则意味着对煤炭消费的压制，进而拉升工业企业的用能成本。基于利润最大化决策，企业会在能源、劳动力和资本等要素投入中进行替代。因而，减排政策所带来的减碳措施会造成较高的就业成本。图7是不同煤炭比重省份气候变化奥肯系数的分布图，从中可以看出：煤炭比重与气候变化奥肯系数大致呈正相关关系，即煤炭比重越高的省份，减排的就业成本越大。

最后，在外贸比重方面，研究显示：碳排放对就业的影响有17%是通过影响外贸比重发挥作用的，减排会显著降低我国的外贸比重，而外贸比重的下降会导致就业人数的减少。

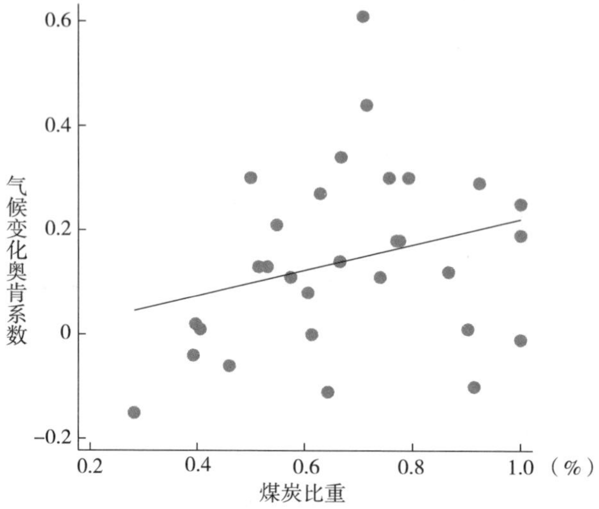

图7　分省份短期气候变化奥肯系数与煤炭占比关系

总的来说，碳减排政策对就业的影响涉及公正转型问题，实现公正转型面临多重挑战。首先，随着能源供应、技术进步和新禀赋的出现，减排成本将会逐渐降低，减排选择也会逐渐多样化。因而，碳中和政策的实施需要对减排时段进行合理设置。否则目前的高强度减排实际上是减少当代人的消费，将当代人的财富转移到后代，会造成代际不公平问题。其次，高排放地区往往是资源密集型地区，经济发展大多依赖传统高耗能产业，产业结构相对单一，减排会带来更大的就业压力。而高排放行业的工作岗位流失地域与低碳行业创造的工作岗位地域可能出现不匹配问题。在这种情况下，应该更加关注减碳过程中的公正转型问题，对不同地区的减排强度进行先后排序，制定和建立有序退出传统高排放产业的相关政策和支持机制，引入金融科技政策和人才资源来帮助有转型潜力的企业向高质量产业转型，确保转型的稳定性、有序性和公平性。

第四章　碳税与碳市场的选择

出口与碳关税

分行业、分阶段采用碳市场相关政策

碳市场为中国百万亿碳中和投资保驾护航

出口与碳关税

徐晋涛

● 北京大学国家发展研究院教授　副院长

“双碳”目标与经济的关系

中国的二氧化碳排放量跟经济周期是密切相关的。特别是加入WTO以后，中国经济增长率大幅提升，二氧化碳排放的增长率也大幅提升。“四万亿计划”启动后，二氧化碳排放更是大幅上升。2012年以后，我国开始出现产能过剩的情况，在去产能去库存的政策影响下，整个经济增长速度开始下降，二氧化碳排放量也停止了增长。直到2017年以后才又开始缓慢上升。所以从2012年到现在，二氧化碳排放并没有太大幅度的增长。笔者认为，碳排放量与经济周期密切相关。经济高速增长的驱动因素往往就是高碳，如果经济增长速度不快，相对来说就没有那么高的碳排放量。之前环保专家认为，中国经济增长速度一旦超过8%，环保就做不好，若是低于8%，环保指标就相对容易达成，这可能跟中国的经济增长模式有关。

如果没有“四万亿计划”的刺激，中国的经济增长速度早该进入新常态，WTO给中国带来的经济红利可能在2008年就已经耗尽。二氧化碳的排放高度反映了中国经济的增长模式，即经济高增长主要是靠高碳排放来支撑。

从过去10年的情况来看，如果中国的经济增长速度一直保持常态，二氧化碳排放量也就基本上“达峰”了，与此同时传统能源产业结构正在改造升级，服务业、非碳行业增长较快，交通运输服务行业也在转型，碳排放量的变化将会迎来“拐点”。

高能耗行业实现零碳转型的方法

二氧化碳排放的第一大行业是火电，然后是金属冶炼、化工、水泥、平板玻璃，这几个行业都跟建筑业有关。目前，全国很多地方的GDP增长都要靠房地产来拉动，如果房地产行业受到遏制，经济增长速度势必会受到影响。同样受影响的还有上述提到的高耗能行业。

除了房地产，还有出口行业。预测2021年我国的GDP增长率将依旧保持在8%左右，还是主要依靠出口。双循环的概念已经提出有一段时间了，但目前仅靠内循环仍然难以支撑国民经济复苏和增长，出口仍然是增长的主要源泉。中国最主要的出口产品是机电产品，涉及机械和电子产品两个行业，这两个行业并不是典型的劳动密集型行业，而是中等资本密集型行业。但中国的资本密集型行业基本上都是高碳排放的，因为其背后的产业链是金属冶炼，本身会消耗大量的电和煤，所以它产业链上的碳“足迹”特别高。

“十四五”“十五五”期间，中国经济将持续复苏。中国经济2021年的复苏是正常的经济复苏还是疫情下阴差阳错带来的高增长，尚未有定论。在世界各国处于疫情影响之下时，中国率先走出了疫情阴霾，恢复了生产力。随着全球疫情逐渐好转，世界各国都迎来了一轮报复性增长，这时中国的增长就没有那么显著了。如果没有疫情的话，中国正常的GDP增长率也就在6%左右，二氧化碳排放应该还有缓慢的增长。2012年以后经济增长的新常态带来了二氧化碳的低增长，也给中国减少碳排放带来了契机。那些过剩的产能应该及时被淘汰，即使还没有淘汰，也不应该成为经济复苏的主要力量。中国要在2030年实现碳达峰，达峰以后的碳排放是要下降的，这就只能通过压减既有的产能来实现，所以笔者认为投资应该提前避开高碳行业。

氢能作为一种清洁、高效、安全、可持续的新能源，已经大量应用于商务用车方面。氢能技术发展进步快，预计五年内可以具备完全的市场竞争力，对交通行业低碳绿色发展具有重要的意义。但是氢能目前还存在制氢效率低、储存难度大等缺点，暂时不具备大规模生产和使用的条件。目前国际经济低迷，美国、欧洲等经济复苏不利导致出口市场萎缩。而随着欧洲、美国市场恢复增长，一些高碳行业还能找到商机，二氧化碳排放还会上升。所以就像有些专家所说的，不能把二氧化碳排放的希望寄托在经济低增长上，还应该找到一个高增长、低碳的能源供给模式，氢能就不失为一个好的选择。

即使中国实现碳达峰，中国的每年碳排放量也将在80万~100万吨，仍然是世界上最大的碳排放国，需要努力实现碳中和。首先应该大力实施化石能源的减排工作。但是有分析表明，二氧化碳减排的边际成本是递增的，而且到了最后百分之十几时边际成本会上升得特别快。这就是为什么大家都说还剩15亿~20亿吨就减不下去了。实际上就中国当前的工业技术水平而言，二氧化碳减排到最后的15%时，社会成本会特别高。但是如果只降低80%的碳排放，社会成本虽然会增加但增加有限，相对符合经济原则，所以最后的20%靠碳汇来解决相对合理。

现有的碳捕集、利用与封存技术（CCUS）还缺乏经济可行性。目前中国最有优势的是生态系统碳汇，每年的森林蓄积资源都在增加，增长出来的碳汇可以用来抵消最后百分之十几的二氧化碳排放。笔者认为，碳中和的核心是要降低中国气候行动的社会成本。所以通过化石能源减排、工业生产排放减少实现80%左右的减排，后面百分之十几的减排要靠碳去除技术完成，包括用生态系统碳汇来中和。2009年，中国在联合国气候变化大会的发言中承诺，到2020年我国单位国内生产总值二氧化碳排放比2005年下降40%~45%，到2020年森林造林面积比2005年增加4000万公顷。这意味着中国将会拥有更多的碳汇，每年能吸收中国工业碳排放的5%~8%。另外，国家目前实施的是天然林全面禁伐的政策，但这个政策存在的问题是，退化的天然林有可能是净的碳源。一味地禁伐，可能导致森林生态系统碳汇潜力无法被挖掘出来，反而拖了国家气候行动的后腿。在碳中和的目标下，应该考虑修改天然林全面禁伐政策，继续推动国有林区改革，采取可持续经营措施，改造一部分天然林，提升森林质量，在增加木材生产的同时，增强森林的碳汇能力。

森林的利用潜力非常大，不仅可以增长碳汇（这里面包括生物质能源），生产的木材还可以替代那些高碳材料，如钢铁等。所以，利用森林生态系统增强碳汇能力实现碳中和，可以大大降低国家气候行动的社会成本。

关于乡村振兴的新研究

我国想要实现乡村振兴战略，必须首先抓好清洁能源问题。首先农村的清洁取暖必须符合现代能源体系的要求，要把安全、高效放在首位，还要清洁、低碳。目前，农村采暖造成的碳排放占农村碳排放总量的45%，北方地区农村用散烧煤取暖，能源消耗量约合2亿吨标准煤，农村供热碳排放不容忽视。所以笔者建议，在农村应该因地制宜发展煤改电和分布式能源相结合的能源模式。与居住楼房的城市居民不同，农民普遍拥有屋顶产权，这对发展分布式发电非常有利。有了分布式发电，农民无论是取暖还是日常用能成本都会降低，这对发展乡村低碳生活方式非常有利。

如果想让农民在屋顶进行光伏发电，让老百姓用上自己发的电，那就得接入电网，可以通过电网来收集老百姓家所产生的零散电量，同时还可以利用电网来进行调峰。笔者认为，在乡村推行煤改电和分布式能源相结合的能源模式，需要国家在分布式能源补贴上再下点功夫，尽快实现农村用能的清洁化，这对乡村振兴也是有帮助的。

中美欧在应对气候变化上的合作

2021年7月，欧盟公布了一揽子立法，旨在实现到2030年温室气体净排放量与1990年的水平相比减少55%。作为该计划的一部分，欧盟推出了碳边境调节机制（CBAM），希望以征收碳关税的财政方式推动更环保的生产过程，减少排放。简单来说就是，如果一些国家没有以与欧盟相同的方式对二氧化碳排放征税，那么来自这些国家的特定进口产品将被征收新的费用，这项费用被称为CBAM。笔者觉得这将在全球气候行动方面产生很大影响。

欧盟委员会打算从2023年开始逐步引入该税种，这也就意味着欧盟的碳交易进入了第二阶段。2020年以后，世界各国都应重新调整自己的减排承诺，减排幅度将大大提高，这会使该国在碳交易市场的二氧化碳允许排放量大幅度下降，减排成本大幅增加，导致欧盟的碳价格徘徊在30欧元到70欧元区间，平均值达到40欧元，到2023年很可能会达到50欧元，这相当于欧盟的制造业要为排放的每吨二氧化碳付出50欧元的碳价格，从而大幅增加制造业成本。如果欧盟不采取边境调节机制，欧洲的制造业会全面败给不收碳价的国家。边境调整机制要求欧盟进口的产品，它的碳价要达到欧盟区域里的碳价格，也就是说中国排放1吨跟贸易相关的二氧化碳也要收50欧元的碳关税。

除非中国的碳价已经达到了50欧元，否则就要在边境上支付碳关税。中国自然不希望让欧盟收走碳关税，所以必须推行碳税制度，这将是中国2023年以后面临的严峻问题。碳价会对企业产生较大影响。如果碳价很低，因为盈利企业还会继续投资。但如果碳价上涨，企业为治理环境要付出特别高的成本，很多行业的盈利率就会下降，投资结构就会改变。按照原来标准计算，如果碳价达到50欧元，像电力等行业的二氧化碳减排幅度会达到50%，这意味着整个火电行业的产能将下降50%，冲击非常大。但在火电发电成本大幅增加的同时，其他的可再生能源（储能等）成本会相对下降，从而迎来一波新的发展。美国总统拜登宣布，2030年美国二氧化碳排放将在2005

年的基础上下降一半，可见减排决心之大。在美国要实现这样的减排力度，必须依靠经济政策，碳税或者碳市场。如果欧盟和美国的碳价都是50欧元或者是50美元，那么中国的出口将遇到巨大的阻力。中国的出口是中国经济增长的动力，对中国经济影响比较大，所以这会不会在短期内导致经济衰退，笔者不敢肯定。但是这个碳价格的确是我们没有想到的，现在我国几个碳交易市场最高的碳价格也只有70多元人民币。

笔者认为，中美欧将来肯定会有气候变化方面的合作，比如技术转让等。但合作不会特别愉快，因为有了边境调整机制以后，贸易纠纷就会增加。终极状态就是中美欧这三大经济体碳价趋同，达到50欧元，中国的化石能源减排达到50%。如果达到50欧元的碳价格，中国的二氧化碳排放就不可能再上升，而是会快速下降。所以在2030年之前实现碳达峰基本上是有保证的。

分行业、分阶段采用碳市场相关政策

许勤华

- 中国人民大学国家发展与战略研究院副院长
- 国际能源战略研究中心主任

中国必将兑现对世界的承诺，提前完成“双碳”目标，但肯定需要付出艰苦努力，克服特殊困难。“双碳目标”将是中国凤凰涅槃式的一次华丽转身，将是中国对世界可持续发展的巨大贡献，在立足并服务于自身的同时，也会积极借鉴世界各国的技术，吸取经验与教训，反哺世界，特别是占绝大多数的发展中经济体。

对于碳达峰、碳中和的理解和提前实现的可能性

为了应对日益严峻的气候危机，顺应全球绿色发展大势，特别是深化后疫情时代绿色转型，塑造未来全球秩序，全球各主要经济体纷纷采取一系列应对措施，集中体现在当前的碳中和进程

中。根据联合国政府间气候变化专门委员会（IPCC）定义，碳中和是指在一定时期内人为二氧化碳移除在全球范围内抵消人为二氧化碳排放。碳中和不仅是全球应对气候变化的主要愿景，而且已经成为全球气候治理的一个核心指标，用以反映一个国家、地区、城市或企业是否致力于实现《巴黎协定》。碳中和是碳排放与碳去除达到平衡的一个状态，碳达峰是指二氧化碳年总排放量在某一个时期达到历史最高值，是实现碳中和的一个必要过程。总体而言碳达峰与碳中和就是一个通过转变目前的经济发展方式来减少温室气体排放，降低整体碳排放总量，从而实现低碳绿色可持续发展的概念。

全球气候治理实际上是全球从过去依赖化石能源转向绿色发展的一个过程，其中的艰难性和长期性也是各方的共同认识。尽管全球可再生能源大幅增长，但全球碳排放总量仍在上升（2020年全球碳排放因新冠肺炎疫情影响较大幅度下降），2019年温室气体排放总量（包括土地利用变化）达到了591亿吨二氧化碳当量（$GtCO_2e$）的历史新高。这要求国际社会必须全面采取更大力度的行动，加快全球性碳达峰、碳中和进程。

当今世界正处于百年未有之大变局，全球秩序已经进入动荡调整期。在后疫情时代，大国竞合和地缘政治呈现更加复杂的态势。在上述大背景下，碳中和议题已经成为一个复杂的综合性问题，涉及经济、环境、社会和国际合作等多个领域，国内、区域和全球等多个维度，国际组织、国家和次国家行为体等多级主体。《巴黎协定》被广泛认为是史无前例的全球行动框架。在具有里程碑意义的《巴黎协定》通过五周年之际，一场碳中和运动正在全球兴起，并呈现出大国和主要经济体引领碳中和的特征。全球温室气体占比超过65%和世界经济占比超过70%的国家作出承诺：到21世纪中叶实现碳中和。根据Net Zero Tracker网站统计，全球已经有南美洲的苏里南、亚洲的不丹实现了国家碳中和。2021年4月19日，美国与主要经济体领导人召开气候变化领导人峰会，增强了全球共同落实《巴黎协定》的决心，提升了应对气候变化国际合作的信心。全球碳中和的实现需要所有国家，特别是主要经济体采取更有力的行动。近年来，气候政治发生了两个根本转变：第一个转变是人们越来越意识到应对气候变化需要进行深刻的社会变革；第二个转变是人们更深刻地认识到如果不进行变革将会付出灾难性代价。

后《巴黎协定》时代，碳中和将是一场全球范围内的经济、环境与社会的全面变革，事关各国永续发展和构建人类命运共同体。气候变化问题归根结底是发展与治理的关系问题。《巴黎协定》展示了各国对发展低碳绿色经济的明确承诺，并向世界发出了清晰而强烈的信号：走低碳绿色发展之路是人类共同的选择。碳中和进程要求各国处理好发展和减排、本国与世界的气候治理关系，同时也是一场新旧发展动力、新旧发展关系、新旧发展秩序等的深度较量，而加快形成适应碳中和要求的生活方式、生产方式和国际合作方式是全球气候治理的现实要求。

2020年9月习近平主席在第75届联合国大会上的讲话中提出："中国力争于2030年前达到峰值，努力争取2060年前实现碳中和。"2021年3月人民银行行长易纲在中国发展高层论坛上表示，未来中国在碳中和上的总投入将超过100万亿元。根据《新时代的中国能源发展》白皮书数据，我国2020年碳排放强度相比2005年下降了48.1%。不仅兑现了此前的碳减排承诺，还提前实现了2015年提出的碳排放强度下降40%至45%的目标。从我国政府实现碳达峰与碳中和的承诺和决心、相关措施及达成效果来看，我国提前实现碳达峰和碳中和是可能的。

我国实现碳中和、碳达峰目标对经济短期和长期的影响

实现碳中和这一全球性共同目标，各主要经济体不仅要以降碳为重点方向发展，还要实现经济社会的全面绿色转型，推动全球秩序的再塑造。随着气候变化、生物多样性丧失和污染危机等多重叠加的全球环境问题的加剧，气候问题日益成为全球发展治理的核心议题，并与大国合作、竞争相融合，塑造全球气候治理秩序。在气候变化危机不断凸显的背景下，应对气候变化也从外部要求变成了内部发展自主诉求，在新一轮科技革命和产业变革进程和绿色低碳发展的经济体系建构过程中，各主要经济体重视发挥碳中和的导向作用，培育经济社会新的增长点，从而实质性形成了气候变化发展共同诉求和共同体，成为共建地球生命共同体和人类命运共同体的路径。

在碳达峰与碳中和的压力下，我国很多传统产业会迎来深刻变革。短期来看，我国的能源消费结构、产业结构都会得到调整。比如化石燃料消费方面，根据世界资源研究所（WRI）2017年的数据，发电与供热行业占中国总碳排放量的41.6%。国际能源署（IEA）预测，到2050年，全球电力消费会继续增加到现在的2.5倍。但是为了实现碳达峰与碳中和的目标，我国

提出到2030年非化石能源占一次能源消费比重要达到25%左右。这就意味着在未来一段时间，我国会大幅减少化石燃料的利用，重视低碳电力，发展光伏发电与风力发电产业。

从长期来看，碳中和目标的实现不仅仅意味着能源结构的调整、产业结构与技术结构的改变，“双碳”目标的背后还有一个庞大复杂的产业链，包括能源行业、农业生产、交通、材料生产与运输等。这将会催生与扩展低碳商品市场，逐渐以科技经济为导向，通过科技助力实现低碳经济。而碳交易也将得到重视，中国会进一步活跃碳交易市场，鼓励企业的低碳行为。除了供给侧，在“双碳”目标的指引下，消费方式也将从集中式转变为分布式，同时使商业模式完成从智能式到智慧式的转变，这是从行为偏好及心理选择上来说的影响。

所以,“双碳”目标短时间对经济的影响是直接的、巨大的、根本性的，长时间对经济的影响是综合的、持久的、更迭性的。

能源、建材行业等高耗能行业碳达峰、碳中和实现路径

（1）能源领域。当前，能源投入结构的调整在减排中的作用是非常大的。从最终需求来看，未来经济增长、产业升级带来的能源消耗是不确定的，比如5G的电耗可能更高，针对需求

侧的作用效果并不确定，所以从能源投入侧入手效果可能更好一些。

在能源领域，电力部门的碳中和可能早于其他部门实现，路径就是电力行业零碳化，其他行业电气化，所以电力部门的作用是十分关键的。2021年3月15日召开的中央财经委员会第九次会议首次提出要构建以新能源为主体的新型电力系统。从2020年我国各类机组装机比例来看，火电占比57%，太阳能和风电合计占比24%，而从发电量来看，太阳能和风电合计不到10%，这是因为太阳能和风电利用小时数较少，因此发电贡献比例低于装机比例。到2060年，中国新增电力系统结构中太阳能占比要达到50%，风电占比要达到30%，而火电则要降至3%~4%。

（2）建材行业。国家和行业积极推进节能减排，技术进步、产业结构调整和能源结构优化等效果显现，建材行业碳排放在2014年以后基本维持在14.8亿吨以下。但建材行业实现碳达峰、碳中和仍面临重重困难，未来应设定科学的碳减排路径，制定碳达峰路线图；加大科技投入，加强减碳技术的研发及应用推广；积极探索碳核查方法，碳捕集、利用与封存技术，做好商业转化研究；相关企业要积极参与碳交易。

在碳达峰、碳中和政策推动下，建材企业将迎来新机遇，同时也对其提出了更高要求。建材企业要应用新技术、新设备提高节能减排水平，优化资源配置，促进资源循环利用。企业间要加快联合重组，加强资本、产能、技术等方面的合作，提升行业集中度，发挥规模效益，优化市场布局。

（3）能源数字化。当前，新一轮科技革命和产业革命加速兴起，“大云物智移链”等数字化技术与能源产业有机相融，成为引领能源产业变革、实现创新驱动发展的原动力，如AI+资源采掘业、区块链技术的使用等。能源和资源数字化后，将得以通过智能化分配，明确如何能够在合适的时间和地点以最低的成本提供能源，大幅提高其利用效率。

根据IEA《数字化和能源》预测，数字技术的大规模应用将使油气生产成本减少10%~20%，使全球油气技术可采储量提高5%，页岩气有望获得最大收益。仅在欧盟，增加存储和数字化需求响应就可以在2040年将太阳能光伏发电和风力发电的弃电率从7%降至1.6%，从而避免3000万吨的二氧化碳排放。与此同时，数字化还可以使碳捕获和储存等特定的清洁能源技术受益。数字化应用的普及将有助于进一步减少二氧化碳排放，实现2050年碳中和目标。

碳达峰、碳中和目标下煤炭转型面临的严峻考验

在2021年5月的国际能源署（IEA）新发布的《2050年净零排放：全球能源行业路线图》（*Net Zero by* 2050：*A Roadmap for The Global Energy Sector*）报告里提出：全球碳中和路线图中一个很重要的步骤就是需要全球在2021年底前停止所有新的煤炭项目投资。煤炭作为碳排放量最高的能源，减少其使用是达到碳中和的必经之路。作为煤炭开采、投资和使用的全球第一大国，中国在停止煤炭投资方面面临着巨大的压力。2020年第一季度，中国国内通过审批的煤矿项目超过2018年和2019年的总和。2020年，中国也是G20国家里唯一的煤炭项目投资有巨额增长的国家，煤炭开采占全球的53%。

减少煤炭消费同时保持能源供给安全以支持经济的持续增长是中国实现能源转型的挑战之一，而逐步减少煤炭使用量的第一步是要确保新能源发电的稳定性，使其能代替化石能源成为基础电力。作为全球最大的煤炭消费国和第二大石油消费国，中国在寻求经济持续、稳定增长的同时，也要寻找更多机会尽早启动碳中和计划和战略，加大对各种低碳技术的投资，使能源、交通、工业和建筑等部门在未来30~40年实现彻底转型。

IEA的报告从2017年全球进入天然气黄金时代等研究结论到2021的煤炭投资的终结论，反映了全世界对进一步推进能源低碳转型的期许。但对中国而言，“双碳”目标实现的关键之一，是中国人的自我凤凰涅槃，必须清楚存量和增量能源投资种类的区别，打好基础，这样才能转型成功。

实现碳中和还需要创新技术

创新技术是实现碳中和目标的重要保障。中国碳中和目标实现时间距离2030年碳达峰约有30年，远短于欧美，这意味着中国人要用比发达国家少60~80年的时间来完成深度减排。这一过程中技术将发挥不可替代的支撑作用。

碳中和技术分为两个大类，低碳/零碳技术和负排放技术。

第一类是以降低碳排放强度或者以零碳排放为特征的技术，目的在于尽可能减少碳排放量；第二类则是通过捕获、封存等手段来减少已经产生的碳排放量。减少产生量、清除多余存量，这就是实现“中和”的最底层技术逻辑。在这个逻辑的基础上，就可以理解，在不同发展阶段，由于碳排放特征和减排目标不同，需要的创新技术也就存在差异。最高境界是总碳中和，那意味着可再生能源“霸主”地位不可动摇。

在实现碳达峰的过程中，中国的主要目标是在兼顾社会经济可持续发展的前提下实现高质量碳达峰。因此在这一阶段，需要进一步释放高能效循环利用技术、清洁能源技术等低碳/零碳技术的潜力。随着发展的不断深入，碳排放显著降低，低碳/零碳技术对于碳中和的边际贡献会逐渐变小，并且相关研究表明，15%的能源消费的碳排放是无法削减的，此时就更需要负排放技术的突破、规模化推广与应用，包括农林碳汇，碳捕集、利用与封存（CCUS）和直接空气碳捕获（DAC）等。

氢气储存难问题的突破

氢气技术主要指氢能的利用，其储运是全世界特别是中国氢能产业链的关键环节。与气态储氢和固态储氢相比，液氢储运具有纯度高、远距离运输成本低等优势，是中国目前更关注的技术突破方向。而实现液氢长时间无损储存需要突破两方面的关键技术，即正仲氢的高效转化和液氢储罐绝热性能的提升，因此技术需要有突破期。以天然气为原料生产氢气是当前操作性较强的一种方式，因为天然气本身的可利用度极高，加上天然气本身储运便捷，在一定程度上可以弥补氢能本身储运难的短板。现在对天然气转化形态的利用率只达到了一半，许多还待开发，氢能就是其中之一。

新能源汽车市场化问题

发展新能源汽车是中国从汽车大国迈向汽车强国的必由之路。根据中国汽车工业协会公布的最新统计数据，截至2021年5月底，中国新能源汽车保有量约580万辆，约占全球新能源汽车总量的50%；此外，华为、小米、百度等实力雄厚的企业也纷纷跨界进入新能源行业，新能源汽车发展势头强劲。但2020年以来，中国保持多年的新能源汽车产销量全球领先的优势遇到了较为严峻的挑战，2020年上半年中国新能源汽车销量下降44%，同期欧洲却上升50%，达到40万辆，超过了中国。

不少企业跨界制造新能源汽车，一方面释放出“新能源汽车行业值得投入、需加大投入”的信号，坚定了市场信心；另一方面也发挥了“鲇鱼效应”，促进了新能源汽车商业模式的创新和推广。但与此同时，企业的不断涌入使得产业环境更为复杂，也加大了产业监管和持续健康发展的难度。

至于新能源汽车市场化问题，在此借用国家信息中心经济咨询中心副主任李伟利分享的三个观点：①中国新能源汽车目前仍然处于政策驱动为主的阶段，市场化程度依然比较低；

②政策性市场有规模上限，新能源汽车要实现持续快速发展，必须依靠非政策性市场；③非政策性市场必须依靠市场力量来驱动，靠技术进步、靠性价比提升，但中期仍需要因势利导的政策。

就中国新能源汽车的发展史而言，“双碳”目标提出之后，新能源市场才真正揭开其市场化的序幕，市场参与者必须足够多，才能形成充分竞争，触发市场这只“看不见的手”，由其平衡供给与需求，而政府这只“看得见的手”是用来监管“看不见的手”的。

中国未来的碳市场展望

碳交易市场是减少温室气体排放的有效经济手段，但需要行政手段的辅助，建立碳市场相应的法律法规，加强碳市场监督管理，协调碳交易的多方利益体，“无形的手”和“有形的手”相结合，发挥碳交易市场在应对全球气候变化行动中的重要作用。

碳价格是指碳交易价格。中国区域碳排放交易市场发展仍处于初级阶段，其碳价格受碳交易额度、国外碳交易价格、政府限价、国内外经济环境、能源价格、气候等因素的影响。《碳排放权交易管理暂行条例（草案修改稿）》明确了全国碳排放交易将采取“总量与交易”（Cap-And-Trade）的机制；交易的主要产品为碳排放配额，后期将适时增加其他交易产品。随着市场的成熟，将逐步形成以碳排放配额为核心的、覆盖多种现货及期货交易的碳交易市场；对于碳排放配额的分配，则采取“免费+有偿”相结合的方式，且有偿分配的比例将逐步扩大。目前中国的碳价低于有着成熟碳交易市场的欧盟。

根据政府的设计规划，碳交易市场将在深化完善阶段尝试吸纳其他行业。根据《全国碳排放权交易市场建设方案（发电行业）》，目前全国碳市场建设分为三个阶段：2018年为基础建设期，2019年为模拟运行期，2019年后为深化完善期，即经过10年左右的发展逐步迈入成熟阶段，发电行业交易主体间开展配额现货交易，逐步扩大覆盖范围，丰富交易品种与方式，并尽早完成国家核证自愿减排量（Certified Emission Reduction，CCER）。2030年开始计划进入碳交易市场的成熟运行阶段，那时将进一步提高初始配额的有偿分配比例，进一步扩大碳金融产品的种类、市场规模等，加大国际合作的深度与广度。生态环境部应对气候变化司司长李高曾表示，“十四五”期间要加快碳排放交易市场的建设，把其他重点行业纳入进来，包括钢铁、水泥、化工、电解铝等重点能源消耗行业。

随着《碳排放权交易管理办法（试行）》和《碳排放权交易管理暂行条例（草案修改稿）》的颁布，中国将逐步建立目标明晰、权责清晰、机制明确并鼓励自愿减排的碳交易市场体系。未来中国碳交易市场将逐步覆盖更多行业，逐步提高有偿配额的比例，并逐步丰富交易产品、完善交易机制，中国碳排放交易价格将有较大的增长空间。

考虑到温室气体减排的紧迫性，分行业、分阶段采用碳税、碳市场政策是合理的。从电力行业角度出发，短期采用碳税政策会促进行业技术结构调整，长期佐以碳市场政策以实现可持续清洁能源发展，对减少温室气体排放是有效且适宜的。碳税和碳市场政策并非对立关系，如何在不同行业、不同阶段协调两者关系，实现政策平稳过渡，将是政府接下来的努力方向。

绿色金融是助力实现碳达峰和碳中和目标的方式

“双碳”目标是指中国“力争2030年前实现碳达峰，2060年前实现碳中和目标”。这个目标将促使企业在自身经济行为中考虑绿色因素，承担相应的社会环境责任；金融机构则将碳排放纳入评价体系，建立绿色金融体系，开发绿色金融产品，在市场作用下引导企业实现技术进步和结构转型，走绿色发展道路，把握发展新机遇，起着“指挥棒”的作用。

发展绿色金融是新时期金融供给侧结构性改革的重要内容，也是实现“双碳”目标的重要政策工具。助力“双碳”目标达成，绿色金融可以从建立绿色金融标准体系、披露金融机构环境信息等方面入手，加快形成有利于碳减排的体制机制，支持可再生能源、绿色建筑、清洁交通等领域创新发展。2016年以来，中国在绿色金融标准体系、绿色数字基础设施建设、绿色金融产品创新体系、绿色激励约束机制等方面的工作取得了明显进展。2017年12月，中英金融机构气候与环境信息披露试点启动，工商银行与联合国责任投资原则组织（UN PRI）分别担任中方及英方试点牵头机构，组织推动试点金融机构根据气候相关财务信息披露工作组（TCFD）的气候信息披露框架对环境信息进行披露。3年来，试点取得积极进展，中方参与机构已增至15家，覆盖银行、证券、保险等多种金融业态，形成了可复制、可推广的有益经验。金融行业的环境信息披露有效解决了绿色项目识别问题，降低了绿色金融市场的信息不对称性，扩大了绿色金融服务的范围和覆盖面。

面对“碳中和”机遇，可持续保险和负责任投资是银行业、保险业新旧动能转换的“良方”。可持续保险涉及保险价值创造、风险治理以及资源配置的效率，它将保险和可持续发展结合在一起，旨在将保险引入人类可持续发展领域，如环境污染责任保险、巨灾保险、突发公共卫生事件公共责任保险等，以促进全社会对环境、社会和治理问题的普遍行动。实现“双碳”目标的巨大投资需求无法只依靠政府投入来满足，还需要大量市场资金，这对完善的绿色金融政策体系提出了要求。负责任投资就是将企业环境、社会和治理问题（ESG）纳入投资分析决策与实践，以市场手段推动温室气体减排、实现“双碳”目标。

“双碳”目标与“一带一路”

笔者认为，在“双碳”目标下要通过突出“绿色”来推进“一带一路”建设，也就是要构建“绿色丝绸之路”。绿色是“一带一路”的底色，总的指导方针是生态文明建设思想。

首先，要以绿色科学和绿色技术作为主要抓手，推动“一带一路”沿线国家的绿色发展。具体来说，一是加强绿色低碳发展顶层设计和制度规划，为“一带一路”沿线国家应对气候变化和实现碳减排提供案例性理论政策和制度指导；二是促进产业结构调整，为“一带一路”沿线国家应对气候变化和实现碳减排提供产业转型动能；三是推动绿色低碳科学技术创新，为“一带一路”沿线国家应对气候变化和实现碳减排提供前沿技术支持。

其次，要以积极开展“一带一路”沿线国家的合作为主要实践手段。具体来说，一是完善多样化、高效率的绿色低碳国际合作平台；二是开拓包括金融、技术、贸易在内的全方位绿色低碳全球合作领域；三是构建从高层到民间的多层次绿色低碳全球合作模式。2021年6月23日召开的“一带一路”亚太区域国际合作高级别会议期间，部分“一带一路”共建国家共同发起“一带一路”绿色发展伙伴关系倡议，齐心协力，支持绿色低碳发展，包括落实应对气候变化的《巴黎协定》和分享最佳实践，共同促进绿色、低碳、可持续发展。

只有把这两点做好了，“一带一路”沿线国家应对气候变化和实现碳减排的能力才能提高，“绿色一带一路”也才能在这个过程中持续得到发展。

实现绿色经济、世界经济发展

在绿色经济方面，在“双碳”目标的背景下，绿色经济发展越来越成为主流。为推动绿色经济发展，首先，应该加大政策和财政的支持力度，让创业的焦点聚集到这个方面，随着汇聚的企业增多，竞争力也将得到增强，供给端的水平自然会提升；其次，利用传媒工具，合理制造舆论热点，提高民间对于绿色经济的关注度，从而扩大需求。

在世界经济发展方面，2020年，新冠肺炎疫情在全球肆虐，各国经济都遭受了严重打击，世界范围内实现正增长的经济体屈指可数，在这样的背景下，各国开始强调自身的“经济主权”，全球化方向变为“有限”的全球化。实际上，世界各国应该把防控新冠肺炎疫情作为主要任务，并在此基础上，根据疫情的客观形势，放平心态，打开国门，加强国际经济交流与合作。

未来实现碳中和的方式

未来在实现碳中和方面，其一，各国应该提高对绿色科学及绿色技术的重视程度，给予相关领域足够的支持；其二，各国应以开放的心态认识碳中和的重要性，认识到实现碳中和需要世界各国共同努力的客观事实，加强同其他国家在相关领域的交流与合作；其三，各国应积极提升自身的绿色发展能力，统筹推进绿色金融、绿色建设、绿色生产、绿色消费和绿色规划等方面的工作，形成全方位、多领域的绿色发展格局。

加强低碳文化交流、低碳生活方式转变、低碳产品设计、低碳理念构建、低碳标兵树立等，只有当低碳和脱碳成为每个人的行为偏好和生活习惯，“双碳”目标才能尽快实现。实现“双碳”目标归根结底是为了人类，也只有落实到每一个人，才能“众人拾柴火焰高”。

碳市场为中国百万亿碳中和投资保驾护航

梅德文

- 北京绿色交易所总经理
- 北京绿色金融协会秘书长

碳达峰、碳中和相当于"改革开放2.0"

根据著名的卡亚模型，一个国家的碳排放量取决于人口数量、人均GDP、单位GDP能耗强度、单位能源碳排放强度。按照发展和排放的关系，可以将不同国家的排放大致划分为几个类型：欧美日等发达经济体是低排放、高发展，大部分发展中国家是低排放、低发展，中国过去和现在的发展都高度依赖碳排放，所以是高排放、高发展。作为世界第二大经济体，中国2020年GDP是100万亿元，但是我们也是世界最大的能源消耗国家，2020年能耗达到50亿吨标准煤。中国为什么能源消耗这么多呢？这是由中国的经济结构和能源结构决定的。所以说，中国碳中和压力巨大，原因如下：

第一，经济结构原因。众所周知，中国是世界工厂，第二产业占比较高，固定资产投资在GDP占比超过40%。中国经济过去主要依靠大拆大建、大修大补这种高耗能、高污染、高排放的模式，但这是不可持续的，所以中国的宏观经济结构需要调整。

第二，能源结构原因。众所周知，中国的能源结构是“富煤、贫油、少气”。中国气候事务特使解振华主任近期强调，目前中国能源消费结构中，煤炭消费占比仍然超过50%，我们的单位GDP能耗强度是世界平均值的1.4倍，是发达国家的2.1倍，而单位能源碳排放强度是世界平均水平的1.3倍。另据统计，2020年，中国化石能源消费占比仍然接近85%，可再生能源占比只有15%左右。一般而言，发达国家能源转型的路径首先是煤，接着是油和气，然后才是新能源；而2020年，中国石油的对外依存度为73%，天然气对外依存度为43%，这两个比例都非常高，中国的能源转型只能一步到位到新能源，但这是很困难的。

碳中和的机遇非常难得，可以说是千载难逢，这是因为：

碳达峰、碳中和相当于形成了一个强大的倒逼机制，倒逼中国经济转向绿色经济，倒逼中国能源转向绿色能源，倒逼中国金融转向绿色金融，倒逼整个社会转向绿色生产方式、绿色生活方式，笔者认为这是碳达峰、碳中和的重要意义。做个比较，碳中和的技术创新可能有一点类似于20年前的互联网，它是个系统性的创新体系，因为要实现碳中和，归根结底要依赖低碳技术、零碳技术、固碳技术还有负碳技术创新。碳中和的金融创新则类似于30年前的资本市场，因为它需要一个新型的资本市场，那就是碳市场。碳中和的制度创新类似于40年前的安徽小岗村。大家知道，改革开放后，只经过短短的32年时间（1978—2010年），中国就超越日本成为世界第二大经济体。依据科斯定理，一个特别重要的原因就是党的十一届三中全会以后，中国从安徽小岗村开始，全面启动了以农村分田到户、联产承包责任制为代表的产权改革，把土地的经营权确权给了劳动者即农民，就是这样的制度改革、制度创新，极大提高了中国的全要素生产率，让中国释放出巨大的土地红利、人口红利、资本红利和制度红利，这些红利为中国经济的蓬勃发展和改革开放奠定了雄厚的基础。分田到户几年后，中国就解决了当时最大的一个难题，也就是几亿人吃不饱饭这个古老的大难题。再看中国的气候变化问题，包括广义的环境污染问题，其根源就是中国经济效率过低、能源效率过低、金融效率过低，本质上都是资源配置效率过低的问题。那么如何提高效率？或许可以借鉴改革开放初期的分田到户改革，对环境产权进行清晰的确权，只要确权了，市场就能实现资源优化配置，就能低成本、高效率地解决中国的碳中和问题。众所周知，习近平主席有句至理名言——“绿水青山就是金山银山”。这千真万确，绿水青山确实是金山银山，但绿水青山不可能自己变成金山银山。那么，绿水青山如何才能变成金山银山？这就需要对它进行政策上的确权，即明晰环境产权，然后从技术上进行量化，就是把环境资源、生态资源或者说环境效益、环境收益量化，最后在碳交易市场上定价，这样就变成了“金山银山”。这其实就是一个资源资产化、资产资本化即市场化的资源配置过程。

另外，从能源角度来说，碳中和促进能源转型，即由煤油气等化石能源转向风能、光伏等新能源，就是以碳基能源走向硅基能源，从化石能源走向可再生能源。从宏观经济角度来看，就是从高耗能、高污染、高排放的经济结构走向低碳经济。这意味着中国发展要从资源依赖走向技术依赖。根据美国著名战略学家迈克尔·波特的观点，国家发展会经历四个阶段，分别由要素驱动、投资驱动、创新驱动、财富驱动。创新驱动阶段是经济发展的较高阶段，国家竞争优势将转向主要依靠企业的创新意识和创新能力，更强调依靠知识资本、人力资本激励创新制度来提高生产效率，从而驱动经济发展。目前中国在总体上还处在要素驱动、投资驱动这两个阶段，距离创新驱动和财富驱动还有一定的距离。这是因为中国过去那种依赖资源投入的方式不可持续，而且过去中国主要依靠投资和出口。现在面临复杂的国际形势，不可能再走过去的老路。清华大学碳中和研究院院长贺克斌院士近期强调，中国过去40年发展靠的是改革开放，未来40年，即从2020年到2060年，碳中和可能要扮演重要的角色。总之，就像当年的农村分田到户改革一样，今天的碳中和战略，可能会给中国带来巨大的发展机遇，从某种意义上说，相当于“改革开放2.0”。

大力发展绿色金融投资的逻辑

所谓碳达峰，理论上说是二氧化碳排放增量等于经济增长率减去碳强度降低率，所以说，碳达峰就是经济增长率曲线和碳强度降幅曲线交叉的那一点。中国2005—2020年的三个“五年计划”碳强度累计降幅分别是21%、20%和19%，年均降幅4%~5%，是发达国家最近30年平均降幅的2倍，因此峰值的本质是经济潜在增长率降到4%~5%。碳达峰的统计学意义便是环境库兹涅茨曲线，其背后是经济增长模式的转型，由资源密集型转化为知识密集型，随着资源投入的边际收益不断降低，碳排放见底，碳中和就实现了。

有一种宏观经济“不可能三角”的说法，即“调增长、调结构、防通胀”这三个目标不可能同时实现，只能实现其中两个目标。作为最大的发展中国家，中国过去更多的是选择了保增长和防通胀，自然就牺牲了调结构。中国从20世纪80年代开始调结构，30多年过去了，结构调整也没有完成，可见其难度之大。这是因为中国是发展中国家，保增长是首要任务，这其实也是一个路径依赖的问题。另外人均工资水平相对较低，增长空间有限，所以还要保持物价稳定，最后就只能牺牲调结构了。

而从某种意义上说，碳中和本质上就是调结构，调整经济结构、能源结构，甚至金融结构，无论结果还是过程，无论目标还是手段，都需要调结构，从绿色生产到绿色消费再到绿色流通，都要确保绿色发展，只有全生命周期实现绿色之后才能达成碳中和。所以说，宏观经济“不可能三角”在碳中和时代就演变成了“经济增长、绿色供应与物价稳定”，要实现碳中和就必须保持中高速经济增长和绿色供应，也就意味着存在物价上涨的潜在风险。这也是包括央行原行长周小川在内的一批专家屡屡警示的，简单说就是发展与减排之间面临两难的选择。中国气候变化事务特使解振华主任早在10年前就说过，根据统计，发达国家基本上都是在人均GDP达到3万~4万美元的时候实现碳达峰，即经济发展与碳达峰之间的关系是有规律可循的。而2020年中国的人均GDP 刚刚突破1万美元，经过测算，到2030年碳达峰时也就刚过2万美元，距离发达国家人均GDP三四万美元水平还有较大的差距。发展是本，减排是根，这就是发展与减排两难。

据统计，2020年底，中国金融业机构总资产为353.19万亿元，其中，银行业机构总资产为319.74万亿元，证券业机构总资产为10.15万亿元，保险业机构总资产为23.3万亿元。如果这些资产穿透之后，其底层基础资产，有很大比例都是化石能源资产，远高于世界平均水平。根据美国著名学者杰里米·里夫金的研究，世界化石能源资产可能会在2025年到2030年发生一次大危机，即化石能源资产会大幅度贬值缩水，比如以煤炭为代表的资产，未来违约率可能会很高，其风险敞口很大，未来金融机构的收益也许因此会大大降低，而风险则会增加，这也就是中国金融的大风险。这也是需要大力发展绿色金融投资的逻辑所在。中国人民银行行长易纲最近强调，中国碳达峰每年需要2.2万亿元的投资，十年共计需要22万亿元；从碳达峰到碳中和每年需要3.9万亿元投资，30年共需要117万亿元投资；碳达峰、碳中和两项合计需要139万亿元投资。这个投资既可以促进解决中国有效需求不足的问题，也能促进解决中国发展与碳减排的两难问题。

技术创新背后的规律

碳中和的实现，归根结底依赖于两个创新，一个是技术创新，另一个是制度创新。所谓技术创新，简单地说就是开源节流，开源就是发展新能源，就是两个替代，即在能源供给侧用可再生能源或者说新能源替代化石能源，在能源消费侧用电能进行替代；节流就是节能，提高能源效率，鉴于能源结构与资源特点，中国仍需长期使用化石能源，提高能源效率是必要任务。总结下来，碳中和的技术创新可能体现在五个方面或者说有五条路径：第一，前端能源替代，包括风电、光电、水电、生物质发电等，即供给侧新能源替代，需求侧电能替代；第二，终端节能减排；第三，末端循环利用；第四，CCUS即碳的捕集、利用与封存；第五，碳汇。回顾历史，我们发现技术创新的背后是一系列的制度创新与制度保障，包括金融制度、财税制度、法律制度等各种各样的制度创新与保障。“制度重于技术，制度高于技术，制度先于技术”，这可能就是技术创新背后的规律、逻辑和演变路径。

回顾两次工业革命的发展历史，英国实际上是先有金融革命，然后才有工业革命。金融革命为工业革命注入资本动力，工业革命不仅是技术创新的结果，还是金融革命的结果。因为工业革命早期使用的技术创新，大多数在工业革命之前早已有之，但这些技术创新既没有使经济持续增长，也没有产生工业革命，主要是因为缺乏大规模、低成本的持续资金支持，无法实现产业化。套用英国经济史学家、诺贝尔经济学奖得主约翰·希克斯的观点，“工业革命不得不等候金融革命”。因为工业革命兴起的新产业的原材料成本、研发成本、人力成本、厂房成本、设备成本开支都是非常巨大的，如果没有大规模的廉价资金长期支持的话，工业革命是不可能真正发展起来的。

放眼世界，美国著名学者杰里米·里夫金认为，目前全世界正处在以风光新能源、信息技术、生物技术并发为代表的第三次工业革命进程中。回顾历史，每一次全球工业革命都会开启一轮技术长周期带动的经济增长，持续60~100年。前两次工业革命都形成了能源、产业和金融协同创新发展的经济体系：第一次工业革命，英国形成了“煤+火车+债券市场”体系，成为了日不落帝国；第二次工业革命，美国形成了“石油+汽车+股票市场”体系，成为超级大国；第三次工业革命可能将形成“风光新能源+电动车+碳市场”体系，各国都在争夺这一体系的主导权。里夫金认为，中国机会最大！这是因为在能源供给侧，目前中国已经拥有世界最大的风光新能源生产体系，2020年中国的风电、光伏新能源装机总量分别是2.81亿千瓦、2.53亿千瓦，合计5.34亿千瓦，而且风光装机总量2030年将达到12亿千瓦。中国光伏产业具备全产业链巨大的竞争优势，包括上游硅片、中游电池板与下游发电站。作为全球领先的太阳能科技公司——隆基股份2020年的市值已经超过神华公司，达到5000亿元。在能源传输侧，中国“长距离、大容量、低损耗”的特高压电网技术成熟，在世界居于领先地位。在能源消费侧，我国的新能源汽车与储能产业发展迅速，新能源汽车产销量连续6年稳居世界第一，累计销售550万辆。供给、传输与消纳，或者说生产、流通与消费，中国已经形成了一个完美的新能源产业发展闭环。

当然，制度重于技术，制度先于技术，新能源产业的发展，碳中和的实现，离不开金融市场的创新，碳中和需要碳交易市场创新。如果中国能够把碳交易市场发展成一个新兴的金融市场，在碳交易市场背景下探索促进人民币国际化的路径，那么中国就很有可能抓住第三次工业革命的技术增长周期。而中国可以借此培养一批新的绿色技术、绿色产业、绿色经济，从而从资源依赖阶段走向技术依赖阶段。

新能源汽车行业是目前普遍认可具有巨大潜力的产业，要“支持新能源汽车加快发展”。中国发展新能源汽车产业有很多优势，包括技术、政策、成本与市场等。国务院发展研究中心原副主任刘世锦认为，发达国家发展新能源汽车及新能源产业有沉没成本和重置成本，而中国没有。据统计，美国、欧盟与日本在碳达峰时，每千人的汽车保有量分别是845辆、423辆和575辆，而中国目前仅有173辆，假定中国碳达峰时，汽车保有量要达到400辆的水平，那么我们的优势是有200多辆车可以直接使用新能源汽车，而发达国家必须等燃油汽车产品的自然生命周期结束之后才能替换。这就是他们的劣势，因为他们有沉没成本与重置成本，同时也是我们的优势，即具备发展新能源以及新能源汽车产业的成本优势、市场优势，当然还有技术优势与政策优势。据2020年11月的相关统计，中国比亚迪公司已经发展成为市值世界排名第四的汽车公司，蔚来位列第五，小鹏汽车位列第十，也就是说世界十大市值汽车公司，中国已经占据3席。同时在电动车领域最重要的相关产业即电池方面，中国锂离子电池产量世界第一，宁德时代稳居世界首位，目前市值已经达到15000亿元。当然，我们不能盲目乐观，但可以相信技术的力量，相信创新的力量。

碳交易市场建设与人民币国际化

碳交易市场是行之有效的碳定价机制，也是解决碳排放外部性的有效经济手段，可以在总量控制目标下实现减排成本最小化，同时有利于经济高质量增长。碳交易市场制度可能是破解中国发展与减碳两难矛盾，促进能源、产业和金融结构调整的有效工具。借助市场的力量推动碳达峰、碳中和，碳交易市场不失为一个好的选择。一方面，可以通过碳交易市场的激励机制，鼓励新能源产业或非化石能源产业发展，解决减排的正外部性问题；另一方面，可以通过碳交易市场的约束机制，抑制化石能源产业发展，解决碳排放的负外部性问题。毫无疑问，实现碳达峰、碳中和的目标，必然需要大量的资金投入。国际可再生能源机构（IRENA）认为全世界碳中和的投资需要约131万亿美元。中国人民银行原行长周小川估算，如果按照中国在全世界碳排放占比29%左右计算，中国碳中和的投资需要约283万亿元。要吸引大量投资，需要一个有效的碳价格信号。毋庸置疑，碳交易市场可以提供这样一个信号。

回顾历史，第一次工业革命的金融支持主要是债券，靠债权融资；第二次工业革命的金融支持更多的是靠资本市场和股权融资。那么现在的第三次工业革命，靠什么金融支持？当然离不开银行与资本市场，但这还不够，还需要增加一个新型的金融市场，那就是碳交易市场。

为了实现碳中和，需要更多地从金融的角度来思考碳中和问题。有个观点叫“交易先于制度”，碳交易市场应该在严格监管的前提下鼓励审慎创新，引用前文英国经济学家约翰·希克斯的观点，就是金融革命早于工业革命，“工业革命不得不等候金融革命”。

综上所述，为了低成本、高效率地实现碳中和，中国必须建立一个有效性、流动性、稳定性且具备广度、深度与弹性的碳交易市场。这需要三个条件，简单来说，就是三个关键词——“立法、量化、定价”。首先，立法代表了全社会的意志，通过严格的立法确定减排总量和配额分配方法，然后建立严格的配套政策体系，是发现真实碳价的第一步。其次，量化和披露。严谨量化和披露是实现社会成本的保障，也是开展透明和包容监管的前提。要对各个行业的排放数据进行核查，运用现代物联网和区块链技术实现更低成本的核算量化，建立更加科学透明的数据支撑体系。最后，定价。需要吸纳更加多元化、规模化的参与主体。多元化的市场主体是指数量足够多的，具有不同风险偏好、不同预期、不同信息来源的市场主体，只有主体多元化了，才能形成公允的均衡价格。同时要推出更加市场化与金融化的产品，以满足信用转换、期限转换、流动性转换等市场基本功能。还需要更加透明化和包容性的监管以促进严格定价。

碳交易市场建设是一个复杂的系统工程。回顾中国碳交易市场的历史，共分为两个阶段：第一个阶段是2005—2012年，属于清洁发展机制阶段；第二个阶段是2013—2020年，属于区域试点阶段。2021是全国碳交易市场的元年，完善全国碳现货市场建设大概需要七八年，也就是说2021年至2028年是全国碳市场建设阶段。全国碳市场的扩容与产品完善也将同步进行。

“十四五”期间，石化、化工、建材、钢铁、有色、造纸、电力和民航等八大高耗能行业将被有序纳入全国碳市场，配额总量有望扩容至每年70亿~80亿吨，纳入企业将达到7000~8000家，按照当前碳价水平，未来全国碳市场总资产将有望达到4000亿~5000亿元。随着企业节能减排和碳资产管理意识的普遍增强，企业碳管理体系和专业人才队伍的完善，碳资产将不再仅用于履约，通过金融创新盘活存量碳资产的需求将更加旺盛，包括碳远期、碳互换、碳期权、碳租赁、碳债券、碳资产证券化和碳基金等金融服务也将逐步完善。未来，专业碳资产公司、金融机构、个人投资者可能有序进入碳交易市场，促进碳交易市场参与主体的多元化，使资金聚集效果更加明显、市场逐步活跃，从而形成稳定的正向循环。

德国总理默克尔呼吁制定全球统一的碳定价体系，并强调“这将有助于控制全球二氧化碳的排放”。但问题是目前全球碳市场价格差距过大，比如欧洲碳市场价格是80~90欧元，中国碳交易试点的平均价格为24元人民币，全国碳市场的平均价格大约40~50元人民币。未来全球碳市场可能会实现一体化，全世界的碳定价总有一天会趋向一致，只是时间问题。

中国人民银行研究局局长王信认为，广义的碳金融市场应该包括碳市场、电力市场和绿色金融市场，而且绿色金融市场的发展与人民币国际化之间有望形成良性互动。他认为想要实现人民币国际化与碳交易市场的良性互动，就要建立绿色低碳循环发展体系；完善碳金融市场的建设，也就是发展碳金融；提升碳金融市场的国际水平；增加对“一带一路”沿线地区绿色低碳项目开发，以直接投资的方式，通过“一带一路”项目促进人民币实现国际化。说到碳交易市场与人民币国际化的关系，国际金融理论中的“蒙代尔—克鲁格曼不可能三角”提出，在“汇率稳定、独立货币政策和资本自由流动”三个目标中，一个国家只能选择两个目标。这个理论在碳交易市场也许同样有效。长期来看，由于气候变化的全球外部性，碳排放权天生具有国际自由流动的属性，如果要保持国内的碳中和产业优势和低碳政策独立，那么中国的碳价就一定要向国际碳交易市场趋平。目前欧盟、美国、韩国的碳价都远远高于中国碳价，按照目前的价格对比，欧洲度电碳价大约是中国度电碳价的10倍。有专家认为，中国碳交易市场以当前的价格水平很难起到资源配置、价格发现与风险管理的作用，无法成为碳达峰、碳中和过程中的有效市场机制。长远看，中国碳价必然要打破目前的低估状态。因为随着资本市场开放和全方位引进外资，外资也会进入中国碳市场，若干年之后，NDC即国家自主贡献相关制度将趋于公平合理，国内外的碳价差异会产生巨大的套利空间，而一旦存在套利，价格差就会消除，这是一价定律、要素价格趋同理论等经济规律在碳交易市场中必然起到的作用。

另外，2021年3月，欧洲议会通过欧盟碳边境调节机制（CBAM）的决议，计划征收碳关税。2026年以后，欧盟将对进口商品的含碳量征税。基于根据欧洲碳价与其他国家或者地区碳价的差值计算碳关税的机理，国际碳交易市场有望在未来逐步实现连通，各国与各地区的碳价有望趋同，这也会促使我国的碳价上涨。

2021年7月19日，《纽约时报》报道称，美国民主党将于近期公布一项计划，根据该计划，美国将设立一项新的“碳边境税”，旨在“对来自中国和其他没有显著减少其产生的全球变暖污染的国家的进口产品征税”。初步预计，如果美国民主党的这项提案得到美国国会支持并实施，每年将给美国增加160亿美元的边境税收。这个提案最核心且对中国最为不利的因素在于：其征收的参考标准是进口产品原生产国的温室气体排放总量，而不是以人均碳排放作为统计维度；而中国是目前全球最大的温室气体排放国，尽管中国人均碳排放仅为美国人均碳排放的一半左右。

中国现代国际关系研究院韩立群研究员认为，从长远看，如果全球气候治理的基本框架和规则因为发达国家的碳关税政策做出调整，将在很长一段时间内影响中国的减排工作。根据联合国环境规划署统计，目前中国是全球最大的温室气体排放国，全球减排的绝对量有很大一部分需要中国来承担。中国已经宣布了“力争2030年前实现碳达峰，2060年前实现碳中和”目标。对中国这样一个经济高速发展的国家来说，完成这项工作的难度要远远超过大多数发达经济体。未来40年，中国将经历一条非常陡峭的减排路径。发达国家碳关税等举措的实施，相当于在中国这条陡峭的路径上又增加一些障碍，要求中国在更加严格的排放约束条件下实现发展，用更短的时间来适应更大的变化。中国要实现各项发展目标，就必须在更为严格的环境中继续保持竞争力的上升趋势。这就需要中国循序渐进地建设更加市场化、金融化、国际化的碳市场。

硅谷有句名言：“人们总是高估一个新技术新事物的短期影响力，而低估它的长期影响力。”也许，碳市场就是这样一个新事物！

第五章　绿色金融助力碳中和

对于中国绿色发展面临的资金缺口的建议

金融的绿色化要比经济的绿色化先行一步

未来中国实现碳中和还需转向新能源

碳市场关键是要通过碳交易促使企业减排

对于中国绿色发展面临的资金缺口的建议

盛松成

- 中欧国际工商学院教授
- 中国人民银行调查统计司原司长

从金融的视角看中国的“绿色之年”

在金融领域，和绿色发展最直接相关的就是绿色金融了。绿色金融是为支持环境改善、应对气候变化、节约和高效利用资源而展开的经济活动，在中国主要是为环保、节能、清洁能源、绿色交通、绿色建筑等领域的项目投融资、项目运营、风险管理等提供的金融服务。

事实上，在中国提出“双碳”目标之前，绿色金融作为一个新兴领域已经得到了学界的关注。而在“双碳”目标下，绿色金融正在从一个广受关注的研究领域，向近在眼前的现实推进。2020年底，中国人民银行货币政策委员会提出“以促进实现碳达峰、碳中和为目标完善绿色金融体系”。2021年，央行在绿色金融领域也提出了要完善绿色金融政策框架和激励机制。目前中国已将绿色债券和绿色信贷纳入央行贷款便利的合格抵押品的范围，并且将创造支持碳减排的工具，激励金融机构为碳减排提供更多资金。

国内绿色金融市场的发展现状

中国绿色金融体系发展是比较迅速的，规模也处于全球领先位置，中国正在从绿色发展的跟随者向引领者转变。作为可再生能源技术的最大投资国、生产国和消费国，中国拥有世界上1/3的太阳能发电厂和风力涡轮机，而世界上所有的乘用电动汽车中有一半行驶在中国的公路上。数据显示，自2000年以来，中国可再生能源装机容量增长800%以上，欧盟和美国的可再生能源装机容量仅分别增长了230%和160%。截至2020年末，中国21家主要银行的绿色贷款余额超12万亿元，居世界第一，且大幅领先于其他国家。欧洲主要国家的绿色及ESG信贷规模总和仅约为7000亿元。同时，中国绿色债券存量达到8132亿元，居世界第二。中国发行的绿色债券约占全球债券发行总规模的20%（2019年），发行量呈两位数增长。

国内绿色金融产品不断创新。2019年中国第一只贴标绿色市政专项债券发行。2021年5月，国内首批可持续发展挂钩债券成功发行，发行金额合计73亿元。后者是交易商协会在借鉴国际经验的基础上推出的，将债券条款与发行人可持续发展目标挂钩，通过债券结构设计激励发行人制定和实现可持续发展目标，满足各类致力于实现可持续发展目标企业的融资需求。

当然，目前中国绿色发展仍面临较大的资金缺口，所以绿色金融市场还有非常大的发展空间。《中国绿色金融发展研究报告（2020）》显示，2019年中国新增绿色金融需求为2.048万亿元，但2019年新增绿色资金供给只有1.43万亿元，缺口为0.618万亿元。红杉中国的测算结果表明，2021—2060年，中国绿色投资年均缺口约3.84万亿元，其中，2021—2030年的年均缺口约2.7万亿元，2031—2060年的年均缺口约4.1万亿元，碳达峰以后资金缺口将明显扩大。

上海作为国际主要金融中心，在绿色金融领域的布局

笔者认为绿色金融能够成为上海国际金融中心建设新的发展方向。原因有二：一是绿色金融将提供体量巨大的增量资产。二是中国绿色金融体系发展迅速、规模全球领先，人民币资产有望在绿色金融领域抢占先机。

上海已在2020年基本建成国际金融中心，确立了以人民币产品为主导、具有较强金融资源配置能力的全球性金融市场地位。在最新一期（2021年3月第29期，每半年一期）GFCI全球金融中心排名中，上海继续位列第三 。今后，上海国际金融中心的发展需要更高的站位、更广的视野，并在支持国家战略、参与全球治理等方面发挥重要作用，而绿色金融则是一个重要抓手。

笔者相信低碳转型和绿色发展对金融体系的重塑将是深刻的。例如，随着碳排放市场规模逐步扩大并纳入较多行业，碳价会影响各类资产的价格，碳排放权的金融属性也将日益突出。绿色金融将丰富金融产品并完善市场价格形成机制。为推动绿色融资而出台的激励措施，如绿色资产在银行风险资本计算中的权重设置等，都涉及“绿色溢价”和金融市场之间的相互影响。

此外，人民币计价的绿色金融资产能为增加人民币的国际使用发挥积极作用，并为持有人民币的国内外居民提供投资渠道。《中国绿色金融发展研究报告（2020）》显示，目前境外市场发行的绿色债券中，超过3/4以美元计价，其次是欧元（占比12%），再次是人民币（占比8%）和港币（占比4%）。在“双碳”目标及“一带一路”建设的驱动下，预计未来以人民币计价的绿色资产将有相当大的发展空间。

上海国际金融中心对绿色金融发展的定位

笔者认为上海市应致力于成为世界级绿色金融中心。在创新、协调、绿色、开放、共享的发展理念下，从2011年10月开始，国内有包括上海在内的7个省市开展碳排放权交易试点。现在粤港澳大湾区也开始布局绿色金融。2019年2月，中共中央、国务院发布了《粤港澳大湾区发展规划纲要》(以下简称《纲要》)，支持将香港打造成粤港澳大湾区的绿色金融中心，建设国际认可的绿色债券认证机构；支持广州建设绿色金融改革创新试验区，研究设立以碳排放为首个品种的创新型期货交易所；支持其他重点城市如澳门建立以人民币计价结算的绿色金融平台；加强深圳与香港在绿色金融等领域的国际合作。

所以，作为国际金融中心的上海，发展绿色金融应有更高的定位，即定位为世界级的绿色金融中心，而不仅仅服务于区域绿色经济的发展。

上海建设绿色金融中心的优势

第一，上海自身的绿色发展取得了较好成绩。2020年，上海市化学需氧量、氨氮、二氧化硫和氮氧化物等4项主要污染物排放量分别较2015年削减68.1%、38.1%、46.6%和28.2%，均超额完成国家下达的减排目标。“十三五”期间，上海煤炭消费总量占一次能源比重从37%下降到31%左右，非化石能源占比超过17%，累计销售新能源汽车36.4万辆，绿色建筑、装配式建筑推广力度全国领先。

第二，“十四五”期间，上海计划加快推动高质量发展、突出绿色赋能的布局与绿色金融相得益彰。在“十四五”规划中，上海把降碳作为促进经济社会全面绿色转型的总抓手，将持续推动能源、工业、交通和农业等“四大结构”调整，大力发展低碳环保产业，积极践行绿色低碳生活方式，着力打造长三角生态绿色一体化发展示范区、崇明世界级生态岛等一批绿色发展新高地。绿色金融必将在支持上海经济转型、深入推进长三角区域绿色协同发展的过程中获得长远发展。

第三，上海各项金融要素齐全，有利于基于绿色金融资产发展期货、资产证券化等创新业务，在更广阔的范围内盘活绿色资产，不存在绿色金融需求的“天花板”。上海与香港、伦敦等主要金融中心的互联互通，增加了这一优势。更为重要的是，上海国际金融中心的地位使其可作为中国碳交易与国际连接纽带。上海作为国际国内双循环的重要枢纽，其跨境人民币收支业务占据全国跨境人民币收支业务的半壁江山，同时，境外市场主体持有的人民币资产也主要集中在上海。

对上海发展绿色国际金融中心的建议

第一，推动绿色金融政策的完善，参与制定国际统一、互认的绿色行业和绿色资产标准，促进国内与国际绿色金融标准的融合。目前中国绿色金融使用的标准与国际标准之间存在差异，逐步弥合这些差异可以提高我国绿色债券的国际认可度。

第二，扩展绿色金融产品和服务，加速构建绿色金融产品交易平台，探索与碳交易的联动。相对于行政手段，碳排放权交易具有全社会减排成本较低、能够为企业减排提供更灵活的方式等优势，与碳交易挂钩符合金融产品和服务创新的市场规律。前不久，上海环境能源交易所发布《关于全国碳排放权交易相关事项的公告》，就不同类型交易的涨跌幅限制、交易时段等作出规定。目前，上述交易制度提供的还只是单向竞买功能，即交易主体向交易机构提出卖出申请，交易机构发布竞价公告，符合条件的意向受让方按照规定报价，在约定时间内通过交易系统成交。这与股市中的连续竞价、集中撮合交易等方式不同，其市场流动性可能受到一定影响。由此可以看出，国内碳交易及其定价机制的完善还有很长的路要走。上海应在中国碳金融体系建设方面发挥积极作用。例如，通过资产证券化等创新手段，改善绿色金融资产的流动性，加速绿色金融资产的高效流转和交易。

第三，加强境内外绿色合作。一是在绿色金融投融资方面引入国际资金和境外投资者。二是充分挖掘“一带一路”沿线国家对可持续发展的需求，丰富绿色金融基础资产。三是在严格监管金融套利的基础上，在绿色金融领域推进我国资本账户双向开放。

第四，应该鼓励“绿色股权投资”。股权投资具有特殊性，其往往是技术革新的主要资金来源，因此将为碳中和技术创新提供有力保障。突破性技术，如碳捕集与封存技术、促进节能减排的新材料技术等，在加速实现碳中和目标的同时，还有助于减少碳排放权价格上涨给我国带来的经济压力，包括与碳排放权交易相关的直接经济成本，以及碳关税削弱中国在国际贸易中的竞争力等间接成本。

在推进绿色金融发展过程中需要注意防范的风险

绿色转型发展给金融业带来机会的同时，也带来了一些挑战。笔者认为主要涉及两个方面：一是转型风险，二是监管套利。

对于高碳行业来说，未来碳排放约束力将明显增强，因而转型风险上升，并且可能进一步引发信用风险。根据清华大学绿色金融发展研究中心对煤电企业贷款转型风险进行的测算，未来十年，如果充分考虑需求下降、价格竞争、融资成本上升等因素，中国样本煤电企业的当年违约概率将在2030年上升到22%左右。因此，银行等金融机构在提供贷款时需要审慎评估。高碳企业在推进绿色转型时应把握好节奏，避免出现大面积违约。

推进绿色金融也可能面临监管套利问题。例如，企业为了达到发行绿色债券融资的要求，只将绿色债券作为一种短期激励，或是在以环保为名的形象广告上投入可观的资金或时间，而不是将资源投入环保实务。同样的问题也可能出现在金融机构中。银行既可以在资产端发放绿色信贷，也可以在负债端发行绿色金融债。那么这些绿色金融债能否充分用于绿色资产投资，需要在宏观审慎管理方面予以关注。所以，相关部门需要加强数据相关的基础设施建设并完善信息披露制度，建立绿色金融数据库，加强绿色数据收集和应用，完善数据的认证、评级、监控流程等。

金融的绿色化要比经济的绿色化先行一步

赵锡军

● 中国人民大学中国资本市场研究院联席院长

我国实现碳中和、碳达峰目标对经济短期和长期的影响

“双碳”目标会对经济产生系统、全面的影响。从目前来讲，所有的经济活动实际上都跟二氧化碳的排放有关，特别像能源、交通运输、建筑等领域，碳排放量还是比较高的，而且仍呈现增长趋势。“双碳”目标实际上是在2030年之前，碳排放量允许有一定的增长，到2030年达到顶点，之后就不能再增长。中国现在所做的事是争取在2030年之前实现碳达峰。这对中国的经济无论是短期发展还是长期发展都是一个挑战。要顺利地完成“双碳”战略目标，需要系统、全面、彻底地对中国现有的经济体系进行改造。

每一项经济活动都必须跟碳排放挂钩，这

样才能够让每一项经济活动都受到“双碳”目标的约束。排放量大的行业和产业要优先约束。现在优先考虑约束的是能源领域，因为它占到了整个二氧化碳排放的80%左右。能源行业的减排是实现“双碳”目标最重要的一项工作，也是工作量最大的。能源是一个基础行业，它跟所有其他的行业都密切相关，会牵涉到其他行业的变化。不管是石油还是煤炭，要实现“双碳”目标，不仅是不烧煤、不烧油就可以了，还需要更换其他方式。有些行业依赖于燃油或煤炭发电，如果要采用其他方式，就会对其产生影响。交通行业也是一样，汽车原来是用石油石化能源的，如果替换成新能源汽车，无论是氢能源还是电能源，就需要对发动机进行改进。“双碳”目标的实现牵涉到方方面面，不是一个行业本身变化了就可以，这个行业的上下游都要发生相应的变化，才能够完成整体的减排。所以“双碳”目标对经济的长期、短期发展都会形成挑战，长期经济压力会更大。中国最终要在2060年实现近零排放，也就是碳中和，这意味着生产活动产生的碳排放有多少就要吸收多少。要提升碳回收能力，不可能所有生产都是零排放，只要有排放，就需要尽力回收大气中的二氧化碳，即增加碳汇能力。在碳汇能力建设方面，中国刚刚起步。虽然可以依靠海洋和森林等自然碳汇来吸收大气中的二氧化碳，但这是不够的，必须得进行人工回收。那么，如何提升人工回收的能力？需要进行技术上的研发，目前该技术还不具备普遍适用性。

笔者认为短期内要把现在不断增长的碳排放量降下来，尽可能提前达峰，经济增长面临的挑战是巨大的。但要想在长期达到“净零排放”状态，如何提升碳汇能力，更是一个严峻的考验。所以，实现碳中和、碳达峰目标对我国经济的长短期都构成了巨大的挑战。

能源行业的转型之路

能源是碳排放的一个重点领域，这个行业实际碳排放量是最大的，也是改造压力最大的。一方面，中国目前能源的使用量越来越大，消费量也越来越大，要满足能源消费，就必须要生产能源。而按照中国现有的技术水平，大部分的能源生产都依靠碳排放量较大的行业，比如煤炭行业。如果对其进行改造将对经济发展产生巨大影响。所以，我们首先要考虑能源替代的技术路线。但在多元化发展过程中，真正成熟有效且成本相对较低的技术比较有限，首先是核能，其次是水电能。中国水电能发展比较迅速，核能也越来越受到重视。从目前技术的成熟程度和普世性来讲，水电能技术现在已经很成熟了，核能技术也相对比较成熟了，当然现在还在研究核聚变，俗称“人造太阳”，这个技术如果开发出来，能源问题就可以一劳永逸地解决了。相对来讲，风能和太阳能的技术要求更高一些。就风能来讲，成本高而且受自然条件影响较大。太阳能的成本也很高，而且如果是用太阳能电池板，其生产过程也会造成高污染。所以，绿色能源的发展比较复杂，因为能源需求与经济增长密切相关。另外，绿色能源还要受技术的约束，有些技术不是特别成熟，还不能大规模使用；有些技术受自然地理环境的约束。这些都可能在不同层面上影响中国能源行业的绿色化、清洁化，不是单靠政策就能解决的。所以要在2030年完成达峰的战略任务，首先，要控制经济增长速度。因为经济高速增长，必然会带来能源需求的上升，碳排放量也会增加。其次，各类清洁能源技术要加快开发、推广及应用。改造的过程中要加大对绿色项目在投资、金融、税收等方面的政策支持力度，还要有相关联的激励机制。笔者认为，绿色能源必然是未来发展的方向，而且是一个不能避开的发展方向。

关于全国碳交易市场上线的看法

碳交易市场并不是解决碳排放问题的根本手段，只是在确定排放规模后，解决不同市场主体之间的配置问题。笔者觉得碳交易市场只是一种辅助手段，它的规模是人为确定的，会受到很多因素干扰，比如政策、经济增长压力、技术层面的影响。因为碳市场是做交易的，交易额度也是人为确定的，它所能起到的作用是在这个额度内怎么样能让别人多排多掏钱，这只是一种排放权的转移，并不能从根本上解决排放量的问题。

分行业同时适用碳税和碳市场的可行性

关于分行业同时适用碳税和碳市场，笔者觉得是可以的，因为碳市场是解决排放权转移的问题，碳税是解决排放的成本问题。碳税是无论排多少都要交钱，碳市场是额外排放要交钱，这就是碳税和碳市场之间的差异。碳市场和碳税都是经济手段，两者是可以同步实施的。

金融的绿色化要比经济的绿色化先行一步

要完成“双碳”目标，整个经济体系、能源体系、交通体系等都要发生根本性的变化，其中很重要的一点就是改造，要对能源的生产、运输、消费进行改造，这就需要大量的投资。按照现在标准测算，要在2060年之前实现碳中和，预计绿色投资需求超过100万亿元。如此巨额的投资，仅凭国家一己之力是无法完成的，还需要通过市场化的金融手段撬动民间资本。

为各种各样的减排项目提供融资是金融行业的主要任务。除了需要为新项目提供融资外，正在运行的传统项目，每年也需要很多的贷款资金去维系运营，并且，这些项目也要完成改造。所以金融和经济是分不开的，经济要绿色化，金融肯定也要绿色化，经济变成一个权力的经济，金融也要变成一个权力的金融；而且金融大多是要前置于经济的，这样才有资金去做绿色项目，因此金融的绿色化要比经济的绿色化先行一步。这就要求金融部门，包括监管部门、管理部门到金融机构甚至金融市场去完成绿色化的改造。

目前中国人民银行在进一步研究绿色债券和绿色贷款的统一标准，这个标准出来了，金融产品的标准就出来了。据统计，

2020年末我国绿色贷款余额近12万亿元，存量规模世界第一，但真正绿色的、跟排放相关的贷款大概占70%。绿色贷款规定资金需用于绿色产业项目的建设、运营、收购等，但现存的“漂绿”现象备受诟病。比如说给企业100亿元的额度，只有30亿元是“绿色”的，其他70亿元不是“绿色”的，也可以算是“绿色”信贷，也就是用30亿元把70亿元带绿。所以，绿色金融标准制定非常重要，可以防止企业拿“绿色”的钱不干“绿色”的事。从金融的角度来讲，一方面要提供融资支持绿色、减排项目；另一方面要针对所有的金融产品制定绿色标准，争取能够按照绿色产品的要求来提供金融服务，支持经济完全绿色化。

绿色金融主要服务于两个方向：一个是对新项目的支持，另一个是对现有金融资源存量进行全面绿色化改造。在对新项目的支持方面，中国人民银行行长易纲预计，2030年前，中国碳减排需每年投入2.2万亿元；2030—2060年，需每年投入3.9万亿元。清华大学《重庆碳中和目标和绿色金融路线图》课题报告估算，如果重庆市（GDP规模占全国比重约1/40）要在未来30年内实现碳中和，累计需要低碳投资（不包括与减排无关的环保类等绿色投资）超过8万亿元。基于这些估算，未来30年内，我国实现碳中和所需绿色低碳投资的规模应该在百万亿元以上，将为绿色金融带来巨大的发展机遇。理论上讲，2030年实现碳达峰意味着符合绿色金融要求的融资至少要达到50%的比例，2060年实现碳中和则意味着全部金融业务都要完成绿色化转化，也就是说从2031年开始，在融资结构中符合绿色金融要求的融资比例将不断提高，直到全部完成绿色化。这将是一个非常艰巨的任务。按照中国人民银行的统计，2020年末社会融资规模存量为284.83万亿元，其中，对实体经济发放的本外币贷款余额为173.7万亿元；企业和政府两项债券余额为73.68万亿元，而年末本外币绿色贷款余额约12万亿元，存量规模居世界第一，占全部贷款余额的比例约为6.9%；绿色债券存量约8000亿元，居世界第二，占全部企业和政府债券余额的比例约为1.09%，为支持绿色低碳转型发挥了积极作用。按照最宽松的假设，所有绿色贷款项目都具有低碳、零碳和减碳的作用，那么，要在10年内把比例从6.9%提高到50%，每年的增长率必须达到4.3%，也就是说每年必须完成7.45万亿元贷款存量的绿色化转化。按照同样的假设，则需要在10年内把绿色债券的比例从1.09%提高到50%，每年的增长率必须达到4.89%，也就是说每年需要完成3.6万亿元的存量债券绿色化转化。除此之外还有37.45万亿元的委托贷款、信托贷款、承兑汇票和股票融资同样需要在10年内完成50%的绿色化调整。按照2021年第一季度末的数据，直接或间接投向碳减排效益项目的贷款合计占绿色贷款的67.3%，也就是说12万亿元的绿色贷款余额中符合碳中和要求的贷款约为8.07万亿元，占全部贷款余额的比例为4.64%，那么，要在10年内把比例从4.64%提高到50%，每年的增长率必须达到4.54%，也就是说每年必须完成的绿色化转化贷款存量为7.89万亿元；按同样的结构比例对绿色债券进行测算，8000亿元绿色债券余额中具备低碳、零碳及减碳作用的项目占比只有0.73%，在10年内要把比例提高到50%，每年的增长比例必须达到4.93%，也就是说每年需要完成绿色化转化的存量债券必须超过3.63万亿元。由此可见，金融向绿色低碳转型以满足碳达峰的工作量非常大，任务非常艰巨。

从金融机构和行业层面看，2020年末中国金融业机构总资产为353.19万亿元，负债为321.17万亿元，如果不考虑增量，那么金融机构到2030年需要完成176.6万亿元的资产和160.6万亿元负债的绿色化转化，每年需要绿色化的资产和负债平均分别达17.66万亿元和16.06万亿元。其中银行业机构总资产为319.74万亿元，负债为293.11万亿元，每年需要绿色化的资产和负债平均分别达16万亿元和14.66万亿元。证券业机构总资产为10.15万亿元，负债为7.51万亿元，每年需要绿色化的资产和负债平均分别达5075亿元和3755亿元。保险业机构总资产为23.3万亿元，负债为20.55万亿元，每年需要绿色化的资产和负债平均分别达1.17万亿元和1.03万亿元。以上还只是按照现有金融数据进行的一个简单测算，还没有考虑每年社会融资及金融业资产负债增量部分的绿色化。如果考虑每年按同样比例增加绿色化融资，则存量、增量加在一起的社会融资绿色化转型规模将更大。如果考虑到这些庞大金融资源背后所对应的每一个具体项目及每一个项目的生命周期及其进行低碳、零碳或减碳技术替换的可能性和可得性，那么实际的绿色化转型更是复杂得多。

总的来说，金融是绿色经济的前置条件，有了绿色金融才能够实现绿色经济。金融是实现“双碳”目标的重要抓手，现有的项目要运行，离不开金融，所有的经济活动基本上都与金融有关。每个企业都需要融资，金融作为一个抓手，可以影响到这些企业及它们的投融资活动。如果能够把“双碳”目标真正具象化，落实到金融活动中，就可以在金融领域建立各种各样与碳相关的定价机制。现在金融产品是按照风险来定价的，排放本身就是一个风险，怎样把风险内化到金融产品的定价机制中去，这是中国要解决的一个核心问题。央行可以制定一些标准，比如达到什么样的要求，就是绿色债券。但是每个绿色债券所投的项目不同，每个项目的减排量也不一样，无法确定哪个“绿”更深一些，哪个“绿”更浅一些。所以绿色项目标准必须更加具体化，即减排量达到多少才能够算绿色项目，根据减排量的不同，确定债券的价格，这样就能真正将减排量与绿色金融挂钩，这个过程叫作碳排放风险内化。今后不管企业是放贷款、发债，还是发行股票，只要企业融资，就必须把项目的排放量算在内。市场投资者今后不应只看回报率等，还必须把碳排放量作为一个考量的因素。

笔者认为金融机构和金融部门任重道远，需要把每个项目的碳排放弄清楚，然后根据风险评估进行定价。这个价格无论是附加在发行债券的利率上，或是附加在贷款的利率上，还是附加在股票的溢价上，都要把它作为融资成本的一部分，这样才能够真正把碳排放的风险考虑进去。笔者认为这是中国金融未来发展必须要做的事情。

未来中国实现碳中和还需转向新能源

肇　越

● 香港致富证券有限公司首席经济学家

从经济学角度看碳排放

无论是碳达峰还是碳中和，实际上它与一个国家的经济发展阶段相关联，甚至是由国家的经济发展阶段决定的，也就是由客观因素决定的。主观想减少碳排放，只是一个次要因素。它就像青少年的身高一样，可能通过适当的体育锻炼，会比正常情况下高一点。但是，主观的努力不是决定性因素，遗传等客观因素才是决定性因素。

现在发达国家，不管美国、日本，还是法国都实现了碳达峰，这与其国家的经济发展阶段有关。以美国为例，它的GDP按照产业结构来划分，第三产业占比已经达到80%，第二产业占比接近20%。第三产业占比高自然导致碳排放相对较低。美国在第二产业占比高的时期，碳排放量也很高。当一个国家处于工业高速发展的阶段，碳排放是没办法降下来的。

日本也是如此。从日本的情况看，在工业化阶段（1955—1970年），日本的碳排放一直以较快的速度在上升。1973年之后，随着产业结构调整，碳排放呈现平稳状态。1987—1990年再度出现快速上升。1990年之后基本保持平稳，2013年实现碳达峰，而后稳步下降。

中国目前还处在第二产业高速发展的阶段。从具体数据来看，2020年中国的粗钢产量是10.5亿吨，1吨钢的碳排放量为2.03吨，简单计算就可以知道，仅粗钢生产领域对应的碳排放就有21亿吨。

随着经济的发展，中国钢铁的产量在短期内不会减少。因为中国经济还处在快速发展阶段，有大量的基础设施需要投资，工业、汽车业、交通和运输业等产业也都跟钢铁相关，钢铁21亿吨的碳排放在未来只会多不会少。加上水泥的碳排放20亿吨，仅钢铁和水泥两大项就已经达到40亿吨了，更别提还有有色金属冶炼、居民生活碳排放等。所以一个国家的碳排放总量变化主要是由经济发展阶段决定的。

从中国来看，钢铁的平均碳排放强度在全球来说也并不是很高。2020年，钢铁粗钢产量是全球的57%，对应全球钢铁业总的碳排放量，中国只占60%，在碳排放强度上与全球平均水平差距不大。现在的说法过度地强调影响碳排放的主观因素，以为只要努力，就能把碳排放量压下去，这就把主次关系给颠倒了。

碳排放问题的最终解决在于如何进行经济结构调整，但是经济结构调整是一个逐渐发展的过程。笔者相信，中国的产业结构终究有一天会以第三产业为主，如果像欧美国家一样，第三产业占比达到70%~80%，那么碳排放自然而然就降下来了。这是一个自然的过程，大家需要客观认识这个问题。

从全球角度看中国的“双碳”目标

从全球来看，碳排放存在一个碳生产与碳消费的分离问题。因此，研究碳排放要跳出国家界限，要具有“碳排放国际视角”，即从全球角度看碳排放的总量和分布的问题。这些年，随着经济发展，西方国家把一些高污染的行业逐渐转移出来了，比如美国，它的GDP中80%是服务业，工业占比不足20%，一个国家的工业布局调整会引领工业碳达峰与碳中和。

全球的钢铁总产量和消费量是逐年递增的。如果这些钢铁在发达国家生产，它自然就产生了对应的碳排放。如果这些钢铁生产地在其他国家，那它就是进口钢铁，不产生碳排放。所以，发达国家的碳中和在一定程度上是以其他国家或地区的高碳排放为前提的。以钢铁为例，每年全球钢铁的碳排放有一个总量。在总量一定的情况下，如果钢铁的生产都挪到其他国家，本国碳排放自然就少了。比如说有一天中国产业结构也调整了，中国将高污染行业向海外转移，那么中国的碳排放自然而然就没有了。

通过分析国际情况，在人均GDP达到18000美元左右时，人均钢铁表观消费量达到峰值，为人均1000千克左右。2020年中国人均钢铁表观消费量是691千克，甚至低于韩国和中国台湾地区，因此在未来一段时间内，中国的人均钢铁表观消费量还将继续上升，人均碳排放量也将随之上升。

碳排放与居民生活息息相关

中国人均碳排放量还是很低的。在OECD（经济合作与发展组织）国家中，美国的人均碳排放量达到16.6吨、加拿大的人均碳排放量达到15.3吨、韩国的人均碳排放量达到12.9吨，中国的人均碳排放量仅为7.0吨。

碳排放不仅跟工业生产有关，也跟居民生活有关。但就像最开始说的碳排放和产业结构有关，并不是说排放量越低就代表越先进，这两者之间是没有必然联系的。

把时光拉回到100年前农业生产的时期，那时的中国全是农民在种地，没有工业，碳排放很低，可那时候的中国先进吗？显然不是。当然随着时代的发展，碳排放会出现峰值，那往往是一个国家经济快速增长、大力发展大型工业导致的。

大家经常会有这样的误解，认为产业升级了，碳排放就会降下来。其实不是，比如在改革开放之初，开办了很多手工织毛巾、袜子的家庭工厂，这时候碳排很低，后来应用了大型设备，碳排放量反而上升了。所以，在笔者看来，产业升级并不见得就会带来碳排放的减少。

美国GDP中服务业占比约80%，居民消费占比高，人均碳排放实际上也是全球第一。仅从消费领域来看，人们去餐厅吃饭会有碳排放，去超市也会有碳排放，只要社会在正常运转就会有碳排放。

判断是否低碳要从整个产业链出发

区分新旧能源的前提是需要分清一次能源和二次能源。一次能源是指可以从自然界直接获取的能源，如太阳能、风能、天然气、光伏、核能等。二次能源是指通过一次能源转换出来的能源。比如电能是通过烧煤、烧石油，或者是利用水力生产出来的，它就是二次能源。转换过来的二次能源是不存在环保问题的，比如随手开灯没污染，每天使用的手机没污染，夏天开空调当然也没污染，所以电能是没污染的。

现在大家对电动车的普遍叫法都是错误的，电动车不应该叫新能源车，因为它使用的是电能，电能上百年前就有了，根本不是新能源。电动车使用的电能实际上是二次能源，在使用环节是没污染、零排放的，但从全产业链角度来分析，结论就不是这样简单了。首先，电动汽车的驱动能量来自车内的蓄能电池，而电池的能量来自充电，因此，应当从发电、充电、使用整个能量转换过程来研究。2020年全国发电量77790亿千瓦小时，其中燃煤火力发电达到53302亿千瓦小时，占比高达68.5%。在燃煤火力发电过程中，产生大量的碳排放，这是中国目前阶段碳排放的主要来源之一。目前中国每度电综合的碳排放是0.785千克。以特斯拉为例，每百公里耗电量17.3度，折合成碳排放为13.6千克，一般燃油车每百公里的碳排放大约为24千克。因此，在能源转换过程中，电动汽车比燃油车减少了40%的碳排放。其次，锂电池生产环节的碳排放。目前国际上动力电池生产环节的碳排放范围为61~106千克二氧化碳/千瓦时。其中电池生产的上游环节（采矿、精炼等）为59千克二氧化碳/千瓦时，而电池生产和组装的碳排放为2~47千克二氧化碳/千瓦时。国内汽车主要用锂电池，电池生产的碳排放范围为100~120千克二氧化碳/千瓦时。

判断一个能源是清洁的、污染的还是低碳的，一定要考虑整个产业链条和全链条总数。就像判定电动车是否真的是无污染一样，不能只看一个环节，应该从整个链条来看。

实现“双碳”目标对经济的影响

目前对“双碳”目标对经济的影响，很多专家意见不一致。有些经济学家认为实现“双碳”目标会带来几十万亿元甚至百万亿元的产值，实际这是一个非常值得讨论的说法。

换一个角度看，如果实现“双碳”目标能创造百万亿元的产值，那么就意味着很多企业要承担巨大的成本。碳减排技术设备和技术的应用将增加企业的投入，推高产品生产成本，减弱中国出口商品的国际竞争力，降低企业的利润水平。按目前情况估测，碳减排技术在钢铁行业的应用将使得粗钢的成本价格每吨上升122元。

所以，要客观评估减排对各个产业增加值的贡献是多少，企业支出增加了多少。这样才能正确地判断实现“双碳”目标究竟会带来什么样的影响。

碳市场关键是要通过碳交易促使企业减排

曹远征

- 中国宏观经济学会副会长
- 中银国际研究有限公司董事长

2050年后全球基本实现碳中和

广义上讲，碳中和是指在一定时间内，直接或间接产生的温室气体排放总量，通过植树造林、节能减排等形式，抵消自身产生的二氧化碳排放，实现二氧化碳的“零排放”。2015年12月，联合国气候变化大会在巴黎召开，《联合国气候变化框架公约》近200个缔约方通过了《巴黎协定》，对2020年后全球应对气候变化的行动作出了统一安排。该协定的长期目标是到2050年使全球平均气温较前工业化时期上升幅度控制在2℃以内，并努力将温度上升幅度限制在1.5℃以内。这意味着2050年后全球基本实现碳中和。

《巴黎协定》于2016年4月22日在纽约联合国大厦由175个缔约方签署。中国是该协定的缔约方之一。在联合国巴黎气候大会开幕式上，习近平主席就提出了中国争取在2030年左右实现碳达峰。2020年9月22日，习近平主席在第75届联合国大会一般性辩论上提出："中国将提高国家自主贡献力度，采取更加有力的政策和措施，二氧化碳排放力争于2030年前达到峰值，努力争取2060年前实现碳中和。"从而使中国的碳减排有了明确的时间表和路线图，减排因此有了约束，成为可执行、可操作的行动纲领。

之所以这样评价碳中和的意义，是因为它和碳达峰之间具有顺序关系，只有实现"达峰"以后，才能推进减碳进程，进而实现碳中和的目标。这一顺序的含义十分明显：达峰的峰值越高，未来减碳的任务就越重，耗费的时间就越长。

从全球的情况看，目前已有54个国家实现了碳达峰，其中在全球15个碳排放大国中，已有包括美国、俄罗斯、日本、巴西、印度尼西亚在内的11个国家实现了碳达峰，而欧盟27国也全部实现了碳达峰。最早实现碳达峰的国家的达峰时间是20世纪90年代，美国也于2007年实现了碳达峰。由于早已进入碳中和"行程"，意味着这些国家实现碳中和的时间更加充裕，减排过程也会更加从容。

相对于这些已经处于碳排放“下坡”阶段的国家，中国仍处在碳达峰之前的“爬坡”阶段，峰值越高，则意味着“下坡”时越陡。考虑到中国从碳达峰过渡到碳中和仅有短暂的30年时间，因此不能低估实现碳中和的难度。这一顺序的核心含义是：为了使温室气体减排成为一个有序的过程，现在就要控制碳排放。也就是说，如果碳达峰的峰值比较低，那么碳中和的难度也会相对较小。

中国“双碳”的路线图和时间表与经济增长的关系

中国还是一个发展中的经济体，不仅处于高收入国家的门槛外，需要经济较快增长，而且也处于城市化的进程中，有维持经济较快增长的潜力。与此同时，包括中国在内的国际经验表明，发展中的经济体在高增长阶段使用能源最多，不仅消耗量大，而且使用强度大，从而使能源增长快于经济增长，致使碳排放增长更快。因此，需要在经济增长与温室气体排放之间进行权衡。这一权衡除了要考虑早期的经济表现，更重要的是要考虑如何平稳地调整经济结构，即由高碳经济转向低碳经济。当然，这需要时间。

相较于其他一些国家提出2050年实现碳中和的目标，中国提出2030年实现碳达峰、2060年实现碳中和的时间表，就是上述权衡的结果。一方面，2030年以前，是中国经济增长潜力最大的时期，并不急于实现碳中和，只要求碳达峰的峰值不要太高；另一方面，低碳经济是未来发展的方向，减排技术的大规模使用又为经济增长带来了机遇。初步估算，如果在2050年将全球气温升幅控制在2℃以内，中国将需要投资100万亿以上的资金来调整经济结构，发展低碳经济。我们认为这个时间表既提供了相对充裕的时间使能源供应清洁化，又形成了相对宽松的条件创造低碳经济增长的新机会。

要使经济增长和碳减排相得益彰，根据测算，最合理的路线图安排是在2028年实现碳达峰，温室气体排放量峰值应该为109~115吨，此后开始进入总量持续减少过程。这样的一个路线图可以在保持国民经济平稳持续发展的同时，保证在2060年实现碳中和。

我国的经济转型情况

我国经济的转型在十多年前就已经开始了。“十一五”规划就已经把环保指标作为约束性指标，比如单位GDP能源使用强度等。正是由于十多年的节能减排是约束性要求，所以我国经济在保持增长的同时，单位GDP能源使用强度有所下降。对此，我们可以从“十二五”“十三五”与“十一五”规划时期的同指标对比中明显看出来。正是这一变化构成了我们今天讨论碳达峰和碳中和的基础，如果没有这十多年的努力所取得的成就，制定碳达峰和碳中和的路线图和时间表是不可能的。

从过去十多年的经验看，减碳不仅与能源使用强度的变化相关，而且与能源使用的变化相关。我们注意到两个变化：第一，整个能源使用向电气化方向集中；第二，电气化向清洁能源方向转化。由此才能做到在整个能源使用强度降低的情况下，提高清洁能源的使用率。这个经验构成了未来碳减排的基本路径。

所有的行业都应进入碳交易市场

碳交易市场是一种机制，它面向的是所有行业和企业，而并非针对某个具体行业和企业。这一机制的运行原理是在明确碳排放量的情况下，碳交易市场会给碳排放指标定价。一方面，这一定价会使碳排放量高的企业成本上升，进而激励其减碳；另一方面，采用新技术而减碳多的企业，可通过出售富余碳排放指标而获得额外收益，有助于巩固减碳成果。换言之，碳交易市场的意义就在于通过对碳排放指标的定价，影响企业的成本收益，促使企业采用先进减排技术，既达到企业技术进步的目的，也实现整个经济环境的低碳化。从这个意义上讲，所有的行业都应进入碳交易市场，只不过碳排放量高的行业更有必要罢了。

进一步激活碳交易市场

正如刚才提到的，碳交易市场的核心是通过给碳排放指标定价，并使其可交易，进而激励减碳。它是围绕碳减排这个中心目标，按碳达峰与碳中和的路线图和时间表来推进的，其中排放指标是核心。可以预料到，随着碳达峰的实现，减排的约束会越来越大，排放指标会越来越少，碳交易价格会越来越高。即使碳排放大的行业和企业初期可以通过购买指标来维持生存，最终也会因成本过高而不得不放弃高碳的生产方式。因此，碳交易市场是否有效取决于它对行业和企业减排的约束，而不在于其交易是否活跃。不同于其他市场，碳交易市场做的不是加法，而是减法。可以想象，在实现碳中和后，碳交易市场也将萎缩。

制定碳价后，整个社会的消费行为会处于市场约束下

气候变化是全人类的灾难，因此，减碳是每个人的义务。除在供给侧对碳排放，尤其像钢铁、电力这些排放大户进行约束外，在需求侧也应对社会每个成员，即能源消费者进行约束。

比如刚才提到的碳交易市场的定价，其实从需求侧看，这一安排还应该广义化，即在全社会范围赋予碳一个价格，以使用者付费的方式，达到节约能源，进而减碳的目标。这种安排类似于自来水价中的排污费，即将污水费附着于净水价上，将碳排放费附着于电力、石油、煤炭等能源消费上，促使能源消费者节约使用能源，进而减少碳排放。简而言之，制定碳价后，整个社会的消费行为都会处于市场约束下。不同于供给侧因绿色发展而减排的逻辑，需求侧的逻辑是因节能而减排，从而实现绿色发展。

绿色金融是在金融活动中贯彻绿色原则

绿色金融是近年来重要的金融实践，并在此基础上逐渐上升为理论和政策。所谓绿色金融，简言之，就是在其金融活动中贯彻绿色发展原则，对有利于减碳的项目优先安排，给予优

惠价格。

绿色金融最早用于商业银行的贷款业务，将环保标准纳入贷款发放，通常被称为“赤道原则”。

目前绿色金融产品已经开始体系化，不仅有绿色信贷，还有绿色债券，以及相应的衍生工具。同时，绿色金融法律法规及监管办法也日臻完善。这里需要特别说明的是，中国既是全球绿色金融的倡导者，也是践行者，尤其在绿色债券方面。在2016年的G20杭州峰会上，中国在倡议绿色债券的同时，就已经开始了实践。所以中国既是全球绿色债券的最早发行者，也是目前全球发行绿色债券最多的国家。

总之，通过近年来的绿色金融实践，人们逐渐认识到，当碳开始具有价格时，它就成为一种资产——碳汇。支持减碳可以增加碳汇，也可以积累金融资产。绿色金融的发展不仅有助于减碳，而且能形成收益，从而吸引更多的投资者参与其中，形成一种新型的可持续的金融业态，成为“绿水青山就是金山银山”的现实体现。

第六章　碳中和战略下的投资机会

碳中和暗藏百万亿投资机遇

高碳投资中断与当前宏观形势分析

关于碳达峰与碳中和的实施路径思考

碳中和暗藏百万亿投资机遇

范　为
● 申万宏源证券固定收益融资总部总经理

郅天奇
● 申万宏源证券固定收益融资总部分析师

闫相龙
● 北京航天航空大学

中国有信心实现碳达峰、碳中和的目标

碳达峰和碳中和在国际国内都有多种定义，简单归纳就是两个关键词：温室气体和净零排放。

一是温室气体，主要是二氧化碳，其余包含甲烷、氧化亚氮等六大类，科学上认为它们的排放导致了全球变暖，而全球变暖会造成多种不良影响，包括恶劣天气多发、生物多样性衰减等。因为目前二氧化碳排放占比最高且减排最容易，所以一般将其他温室气体都换算成二氧化碳，讨论广义上的碳达峰和碳中和。

二是净零排放，就是指人类活动产生的温室

气体和吸收的温室气体相互抵消。

碳达峰就是指温室气体（二氧化碳）的排放达到峰值，就是净排放进入下降前的平台期；碳中和就是指温室气体（二氧化碳）净零排放。

2020年9月我国在联合国大会上向世界郑重承诺：“力争2030年前实现碳达峰，2060年前实现碳中和。”目前来看，这个目标实现难度较大。因为我国是世界第一的制造业大国，2019年二氧化碳排放量占全球的29%，排名第二的美国仅占15%。但在中国共产党的领导下，中国人有信心和途径争取早日实现“双碳”目标。

“双碳”目标是经过我国专家合理测算之后确定的（目前相对较新较权威的测算是清华大学气候变化和可持续发展研究院2020年10月牵头完成的《低碳发展战略及转型路径研究》，参与单位包括社科院、国家发改委、商务部等），也就是说大概率能实现，如果在某一技术领域有超预期的突破，比如碳捕集技术的进步等，则可以提前实现。中国的碳排放75%集中在能源领域，这个领域的减排可以通过加大清洁能源投资等实现。同时值得一提的是，目标的确定是综合多方因素考虑的，所以稳步实现一般来说是一个最优解，提前实现当然也有可能。目前不丹和苏里南已经分别于2018年、2014年实现了碳中和。而我国作为负责任的大国，在绿色节能减排上做出了很多努力，并多次提出提前实现阶段目标。

实现“双碳”目标需要进行经济结构的大调整

实现碳达峰、碳中和目标对经济短期和长期的影响都是一致的，即经济结构的大调整。一方面，多个机构预估实现碳中和会带来140万亿元左右的清洁能源等领域的投资，这意味着在未来40年将为中国年均贡献超过2%的GDP增长。另一方面，高能耗高排放行业、传统能源行业，比如煤炭等，将会逐渐萎缩，对经济增长肯定会造成负面的影响。一正一负，一中和，碳中和对经济增长的影响还是偏中性的，但是经济结构将会迎来重大改变。以往基于化石燃料的高碳行业产业结构将重构，电力、钢铁、水泥、化工、汽车等行业都会经历一轮低碳化改造。预计未来化石能源将完全退出市场被清洁能源所代替。

能源、建筑行业等高耗能行业碳达峰、碳中和的实现路径

碳达峰、碳中和的总体实现路径是电力行业深度脱碳，其余行业深度电气化。

目前能源行业正在加大清洁能源的投资，加大储能技术的研发，争取早日使用清洁能源替代传统化石能源，解决投资规

模和技术上的问题，但实现深度脱碳还需要很长时间。短期之内，能源行业只能被动地被压缩，不新增高排放投资，等待高排放行业产能逐渐萎缩，同时创新绿色能源技术，在生产、消费过程中自主减排。

建筑行业的排放主要来自原材料、建筑施工及其使用过程中的能耗。原材料方面的碳减排，需要结合水泥、钢铁等行业的减排，实际上就是采用电气化、创新脱碳技术等方式。建筑施工和使用过程中的碳减排，目前主要依靠绿色建筑技术等。

一般人会把握机遇投资新能源基金，因为电力行业深度脱碳，其余行业深度电气化，意味着新能源行业未来每年的复合增长速度不会太低，投资规模会稳居高位。而能源、建筑行业的企业把握住机遇的方法就是主动开展绿色技术创新，重点投资有前景的领域。其中，能源行业的机遇重点在储能、清洁电力运营、氢能、核能等领域；建筑行业的机遇主要是绿色智能的建设运营，包括冶金工程、水泥工程、装配式建筑、光伏建筑一体化、全生命周期固碳等领域。

新能源电力系统的成形需要配备大量储能系统，而要实现对这一复杂系统的管控，就需要数字化技术做支撑，建立能源互联网，利用信息化技术提升清洁能源优化配置与消纳能力，有效地提高能源利用率以及安全性。能源数字化本身就是一种低碳的技术手段。全球电子可持续性倡议（GeSI）2016年的报告预测，到2030年，信息技术的应用可以将全球温室气体排放量减少20%，通过数字化赋能而形成碳减排量将高达121亿吨。

碳达峰、碳中和目标下煤炭转型面临的严峻考验

在供给端，新建矿井一般可采年限最低是50年。碳中和目标会造成煤炭行业固定资产投资意愿大幅下降，同时中小煤矿的产能加速退出，煤矿产能进入收缩期，但整个产能退出还是较慢的。在需求端，新能源发电大规模代替煤电的技术瓶颈还未突破，所以以煤炭消费为主的结构难以在短期内改变，未来5年，煤炭消费基本上没有大幅下降的可能，会进入平台期或微幅增长期。总结起来就是供给端缓慢收缩，需求端小幅微升进入平台期。预计随着时间的推移、新能源投资力度的加大，需求会缓慢下降，最终供给和需求双双下降，完成煤炭转型。所以学者们认为“双碳”目标下煤炭转型最大的考验就是转型具有长期性，时间才是最好的“解药”。

实现碳中和对金融行业的影响

目前可以预见的影响有三个方面：一是金融机构为了助推碳

中和目标，也将制定碳中和计划和目标，通过碳减排和碳抵消来助力中国实现碳中和。金融机构的碳排放主要是通过用电等能源消耗形成的，其实这方面的减排空间不大，更多的是用在碳交易市场购买碳信用（碳排放权配额、核证的自愿减排量）等方式来抵消企业在执行减排计划后仍剩余的碳排放量。二是金融机构的融资、投资工作将会有针对性地助力碳中和。在融资端，中国已经推出了碳中和债券，募集资金用于碳中和相关领域的投资，如光伏、风电等。在投资端，金融机构也将大量的资金投向清洁能源、新能源汽车等领域，助力减排。三是在金融行业要密切防范由于转型所带来的各种金融风险，包括高碳产业的违约风险和减值风险以及某些高碳地区所面临的系统性金融风险。

汽车市场尤其是新能源汽车市场存在广阔的发展空间

汽车行业产生的碳排放约占全国碳排放的7.5%，其中93%来自使用阶段，7%来自生产阶段。“双碳”目标的实现意味着2030年新能源车销量占比达到40%，2060年占比超过88%，而目前新能源车的销量占比不到20%，所以很多企业纷纷跨界制造新能源汽车，正是看到了巨大的市场前景。新能源汽车加速了市场化进程，目前还看不到产能过剩的苗头。当前我国人口约14亿，汽车保有量为2.92亿辆，全国新能源汽车保有量为603万辆，占汽车总量的2.06%，2020年中国新能源乘用车的产量（含进口量）为114万辆。可以看到，随着社会经济的发展，中国汽车市场和新能源汽车市场都存在广阔的发展空间。

全国碳交易市场上线、定价及未来展望

目前全国八大试点碳交易市场的价格不统一、规则不统一，为了更好地实现“双碳”目标，需要给碳统一定价，用价格引导资源配置，从而建立全国统一的碳交易市场。

碳价格有两种制定方法：一种是通过碳交易所，由市场来定价，这和股票、商品交易所类似，根据市场的供给和需求，在碳交易市场进行交易，形成碳的价格，然后这个价格又反过来引导资源配置。另一种是碳税，由政府来定价，碳排放者根据价格来决定自己的排放量。

目前电力行业已经被纳入碳交易市场，预计钢铁行业也将很快被纳入。是否纳入的依据主要是绿色溢价，也就是使用低碳绿色技术所带来的成本增加。像电力、钢铁行业，目前低碳技术已经较为成熟，增加百分之十几的成本就能做到零排放，所以可以将它们先纳入市场。但有些行业若要减排，可能成本

会上升50%甚至更多，因此暂时不适合纳入。

中国碳交易市场未来发展主要是“两大两多”：“两大”指市场规模大和影响力大。根据国家发改委的数据，全国碳排放权交易覆盖石化、化工、建材、钢铁等八大行业，按照这个范围测算，未来的二氧化碳排放量将会达到每年30亿~40亿吨的规模；同时，碳市场形成的价格将引导资源配置，促进中国实现“双碳”目标。“两多”指的是参与者多、品种多，未来除了碳排放企业之外，还会有大量金融机构参与，包括碳资产、碳基金等，甚至不排除个人投资者参与的可能；未来碳现货、碳期货、碳期权等也会适时推出，值得一提的是，正在筹备中的广州期货交易所此前表示，有意将碳排放权作为首个交易品种。

关于碳税，笔者认为短期内很难推出，未来或以环境税的形式推出，与碳市场并存，这个在国外已经有成熟的案例。碳税在短期内难以推出主要是因为目前存在三个争议点：一是二氧化碳定性问题，二氧化碳目前不属于环保税征收对象（污染物）范畴；二是征收方式和对象，若作为独立税种，企业负担大且制定周期长；三是税收款的使用和分配问题。

碳中和下的金融机构

“双碳”目标的提出对国内企业和金融机构产生的影响有四点：有意识、有计划、有方法、有行动，即企业及金融机构将在碳中和这个大目标下，首先从意识上开始重视节能减排、开展绿色创新，然后制订减排的计划，分析找到对应的减排方法，最后再付诸行动。

2016年，中国绿色金融体系正式起步，“双碳”目标对中国绿色金融发展提出了新要求，因此，未来在绿色信贷、绿色债券、绿色基金、碳交易、碳期货等金融投资领域，都将存在巨大的投资机遇。目前中国已形成多层次的绿色金融产品和市场体系。截至2020年末，绿色贷款余额近12万亿元，存量规模世界第一；绿色债券存量8132亿元，居世界第二。绿色金融资产质量整体良好，绿色贷款不良率远低于全国商业银行贷款不良率，绿色债券尚无违约案例。中国绿色债券发展成效显著，具体有三个特征：一是发行规模较大，截至2020年末，累计发行绿色债券约1.2万亿元，规模仅次于美国，位居世界第二。二是发行期限长，约90%左右的绿色债券发行期限在3年以上。三是支持环境改善效果显著，据初步测算，每年绿色债券募集资金投向的项目可节约标准煤5000万吨左右，相当于减排二氧化碳1亿吨以上。未来绿色金融体系将更加完善，绿色金融支持实体减排的力度也会更大，毕竟“双碳”目标已经确立。

银行业：创新开发适用于清洁能源和绿色交通项目的产品和服务；推动开展绿色建筑融资创新试点，围绕星级建筑、可再生能源规模化应用、绿色建材等领域，探索贴标融资产品创新；基金发展能效信贷、绿色债券和绿色信贷资产证券化；探索服务小微企业、消费者和农业绿色化的产品和模式；探索支持能源和工业等行业绿色和低碳转型所需的金融产品和服务，比如转型贷款。

保险业：努力让自身运营平台的碳排放达到“双碳”目标；在资产端，对于保险公司持股、能够实施影响的企业，促使其尽快达成碳中和目标；在负债端，保险公司在业务中，主动推动碳中和的实施，包括不承保高污染行业企业、支持可再生能源企业的发展，以表明保险公司在绿色金融上的立场。

碳中和和“一带一路”结合

碳中和和“一带一路”可以很好地结合在一起。2018年，由中国绿金委和伦敦金融城共同发起了“一带一路”绿色投资原则（Green Investment Principle for the Belt and Road），旨在推动全球的金融机构在“一带一路”更多地投资绿色和低碳项目，以减少这些国家的高碳、污染性的投资，现在已经有38家全球大型机构参与。“一带一路”国家在碳中和方面的压力普遍都没有中国这么大，因为他们的碳排放普遍没有中国的高，在人类命运共同体的理念下，可以联合起来，共享绿色政策、绿色理念、绿色技术、绿色经验，共同进行绿色投资、绿色建设、绿色合作，分享绿色收益。

绿色经济、能源改革对社会经济发展和证券行业的影响

实现碳中和，需要通过技术进步和结构调整提高生产要素投入效率，需要加快发展知识技术密集、物质资源消耗少、综合效益高、成长潜力大的战略性新兴产业、高端制造业以及与制造业相匹配的现代服务业。因此，碳中和将成为我国经济转型升级的助推器和催化剂。此外，大量与低碳技术研发、示范和推广应用相关的持续巨额投资，在提升我国在低碳科技革命领域国际竞争地位的同时，也会为经济增长提供新动能。

对证券行业来说，绿色经济、能源改革其实为证券投资、投行、研究、资管等业务提供了新的业务方向，证券公司既可

以自身投资绿色新能源项目，又可以帮助其进行债权和股权的融资；证券公司可以借助研究所力量，研究绿色经济、新能源、碳中和等课题，比如申万宏源就举行了碳中和峰会，还发布了碳中和白皮书；资管业务方面，未来可能会开辟碳资管等业务。

高碳投资中断与当前宏观形势分析

王忠民

● 全国社保基金理事会原副理事长

中国需要开放碳市场的原因与碳市场的内在逻辑

“双碳”目标被确定为宏观的战略目标以后，引起了投资界和资本界的巨大反响。笔者希望从投资端口谈一下“双碳”推进过程中的市场机会，比如从生产要素端到终端产品端，再到上市公司的股权端的三个价格变化和它们带来的投资影响。

首先，中国作为全球碳排放量最大的国家要在较短的时间内完成零碳的目标，会导致很大的市场压力。一旦确定了阶段性的目标，就会充分反映到资本端。资本一定会因为“双碳”目标的战略定位，放弃投资高碳排放领域。因为高碳排放领域未来的投资回报率可能会大幅降低。

但是要特别关注的是，“双碳”战略目标可

能引起所有的高碳产品、高碳产业、高碳产业链的投资中断，包括全社会的投资、私募股权基金及社会上集合式的投资，也包括国有企业和地方投资平台。当然可以用其他因素去解释，比如新冠肺炎疫情造成所有的流动性中断和生产中断。现在各国在疫情之后经济都在恢复，而经济恢复时期一定会引起PPI（生产价格指数）的上涨。

PPI上涨时高碳领域中的终端产品的价格会怎样？

从PPI传导到CPI（居民消费价格指数）端后，会突然感觉到电不够用了，居民用电和产业用电都要涨价了。加上对高碳行业投资的中断，势必会造成煤价的上涨。

所以，石油、煤炭、电力、钢铁、水泥的上市公司即使没有新的投资，没有形成新的产能，但是只要价格上涨，上市公司的收益率就会上涨，收益率上涨，股票价格就会上涨。

需要注意的是：这个时候在二级市场进行流动性权益投资的人，是买入还是趁高减持套现呢？

如果你认为是买入的机会，要看这一次的涨价，是一次涨价到位，还是未来是跌价现在只是涨一部分。如果是只涨一部分，你买入了以后在未来再涨价，它的利润收入还是会很高；但如果一次涨够了，会因为它属于高碳行业，最终还是要走下坡路，这样的话，一次买入就会被套住。

如果PPI和CPI的终端上涨，会引起这些产业权益回报增高，资产回报收益率的变化导致二级市场的投资者的跟进还是减持。

双碳相关产业未来平均利润率持续增长可能性很大。这就是我们现在看到的“双碳”目标对投资端口的影响，即对从生产要素端到终端产品端，再到上市公司的股权端的三个价格变化和三个投资影响。

如果决策正确，有可能把握住一次难得的市场机会；如果决策错误，有可能成为这个领域中的新“韭菜”。

如果投资者足够理性的话，可以根据涨价幅度、可持续成长的程度、价格上涨时间段、利润回收来预测二级市场价格上涨能持续到什么时候，脑中会有几张清晰的曲线图，这样才能形成理性决策。

而现在这个场景在不断变化，比如煤价，如果所有的省的煤都不让出省，大家都各自为政，统一的市场就会被分割开来，这时候生产要素端口因为拿不到生产要素，会导致其原来的固定资产变成无效资产，这就会影响这个产业的资产收益率和格局。

这个场景值得每一个微观主体注意，包括高碳领域的每一个生产主体、终端产品的消费主体，在面对宏观战略调整时，给出自己的解决方案、分析逻辑和决策，特别是增量资本的投资应该怎么做。

“双碳”目标的实现不仅需要国家的坚定态度，也需要每一个人的努力

再看第二个场景，即“双碳”目标从宏观目标如何变成具体的个人目标、家庭目标、企业目标、产业目标、产业链目标。作为个人，很容易做到消费端口的零碳排放，比如过去开车现在改为走路。

对家庭来说如何实现零碳排放？比如家庭垃圾要不要分类？分类以后怎么处理？每个家庭可以安装一个家庭垃圾处理器，把家庭的每一类垃圾都分开，还可以在分开后把它变成一种新的产品。这样，垃圾处理就变成了一个整理、收集、再造的过程。居民用电尽可能用光伏的和风能的，这些都可以做到零碳排放。在一栋建筑物中，如果要做到零碳排放（Zero Carbon），在建设时就要用绿色低碳材料，增强市场竞争力。对于一个企业，生产新能源汽车的边际成长效率要比燃油汽车高得多，如果电池是用太阳能、光伏、风电充电，那这个链条将会不断延伸。如果光伏充电及生产过程用的也是绿色能源，那

么一个环节连接一个环节，整个产业链就实现了零碳排放。

所以，如果把终端产品、复合产品的每一个链条不断延展，把零碳排放做到产品端、建筑端、材料端，然后再使它符合企业和产业链发展，那么零碳排放就会在工业生产、制造业、大宗能源等领域发挥出强大的动能和势能，最终推动减排和绿色低碳目标的实现。

每个人每一天消费和购买的服务有多少是零碳排放的，如果用记账方式来计算，就会知道每个人做了多大的贡献，而不是仅依赖于高碳领域的减排。应做到每一个企业、每一个建筑、每一个产业链条都有自己的碳排放账户，进行精确的测算，连续记载和分析行为与碳排放的关系。

通过碳排放账户对个人、企业或者社会的碳排放量进行记录和监督是一方面，从根本上来说，我们还要从高碳排放行业的终端去解决碳排放问题，这就需要有新的资本进入这些领域，去改变现状。比如牛的碳排放很高，现在有一笔资本投入表示能造出人造牛肉，跟牛肉一个味道，甚至更好吃。这笔投资让你既可以享受牛肉的美味，又削减了养牛的所有碳排放，也就是说，这个投资满足了零碳的消费需求。这也就解释了为什么现在全球一年的新能源汽车产量还不到100万辆，但这些公司的股票估值却超过了传统车企，其背后也蕴藏着资本市场的介入。天使投资人愿意将资金投入这个领域，让这些公司快速发展，这些投资人用合伙制的逻辑把自己的所有财富积累投入其中，资本追逐引得社会资本在该领域中尽早尽快找到了投资逻辑、投资场景和投资产品，当投资的这个行业实现零碳排放的时候，也就是投资获得最高收益率、最快速成长的时候。

这些上市公司的股票价格之所以可以快速上涨，正是大量社会资本对其的追逐产生的一种社会现象。

我们可以看看几只股票在这一过程中发生的变化：农机股份的市值超过原来一家龙头煤炭企业的市值。宁德时代1万亿元的市值超过一家龙头石油企业的市值。2021年一家新能源汽车龙头企业采用宁德时代的电池，宁德时代的市值就从1万亿元涨到了1.3万亿元。这就是大量资本在减排市场聚集的作用及其体现。

如果电子产品行业中的领先者承诺可以做到全产业链的零碳排放，那么该企业的股票市值肯定会上涨，因为从环境的角度企业会得到社会的认可，消费者也会优先选择这家企业的产品，企业的经营价值将在零碳逻辑中得到认可。

现在行业的龙头企业要想提高竞争力，就要在新时代从新的维度、用新的方法去竞争，采取有社会责任的市场态度和市场逻辑。这反映了其环保意识、对社会目标的持续影响，还会引起广泛的行动和共识。

零碳排放还表现在从个人到家庭，从产品到企业，从企业产品的更新换代到产业链，要通过每一个点滴、每一个方面的行动来推动“双碳”目标的实现，最终促进市场发展和社会进步。

投资就是抓住新的替代、新的成长、新的变化中的机遇，所以才会出现新能源汽车公司的市值在短时间内发生那么大的变化。在选择投资市场和产业时，零碳产业的市场形象和影响力完全不一样，投资人会形成微观主体共识，迅速追逐，从而形成社会资本的迅速聚集，发挥资本的投资效应，最后展现出所有投资领域对低碳、零碳产业的强烈的投资意愿并释放积极的投资信号。

全国性碳交易市场近期开板了

2021年7月16日，全国碳交易市场开市。首个交易日，碳配额开盘价为每吨49元，碳排放配额挂牌协议交易成交量410.4万吨，成交额达到2.1亿元，收盘价为每吨51.23元。在此之前，中国的碳交易只在北京、天津、深圳、重庆等地区进行。但在过去的10年左右时间里，试点地区并没有发挥出市场化的功能，以至于我国碳排放权交易的市场总量、碳排放权的价格、碳排放权交易的参与者的参与速度及总量规模作用都没有有效发挥出来。

“双碳”目标提出之后，中国拉开了全国碳交易的序幕。全国碳交易市场通过价格信号来引导碳减排资源的优化配置，从而降低全社会碳减排成本，引导资金流动。全国碳交易市场蕴含的碳金融发展空间，为商业银行等金融机构全面参与碳金融提供了市场基础。2021年以来，各个银行积极布局碳金融领域，纷纷推出首单碳中和债券、碳结构性存款等碳金融产品。

随着全国碳交易市场的产品和服务不断完善、市场主体不断扩大、管理机制不断健全，碳排放权的金融属性将越来越清晰，也会有越来越多的金融主体参与其中，从基础的碳排放权质押融资，到各种衍生品创新，创新的空间会进一步扩大。

关于碳中"和"的更深解读

今天特别强调碳中和的"和"字，碳中和是我们从英文Carbon Neural中翻译而来的，"和"字在中国哲学思想中则代表了一种思维逻辑和思想方法。

对"和"的释义影响最大的一个词是"和而不同"：不完全相同但放在一起很协调。音乐里边有和声，虽然是不同的声部和不同的乐器，但却能够合成最美的音乐效果。现在即使有不同的观点，其间会有博弈、有争吵，但最终会形成一个相合的结果。

如果从自然中找到了"和"，就会理解"碳中和"这个词中所蕴含的中国思维逻辑和思想方法。比如《道德经》中说，如果要成长、要发展、要进步，应该把自己的锋芒掩盖起来，应该"和光同尘"，跟光一起、跟尘一样，这样发展进步就没有矛盾和冲突了。中国对社会关系、人文关系乃至于人和自然的关系，用三个字诠释就是：和为贵。

社会责任就是人与自然之间的关系、人和人之间的关系都要"和为贵"。现实生活中，所有的微观的力量，包括个人、家庭、企业、产业等，合作都是无限多的，不同的东西如果能加和在一起，力量就大了。加的东西和类别越多，即使当中有非同质的东西，也可以通过非同质加“和”的方法加起来。聚沙成塔，聚少成多，正是因为有了“和”的力量。

比如，在全国碳交易市场开市的第一天，交易量中如果有800多万元交易是买的，就有800多万元交易是卖的。有为碳排放做正贡献的，卖出以后拿到收益。

我们前面描述的第一个场景当中，如果说这个时候所有电价都上涨，所有煤价都上涨，所有原材料都上涨，实际上就是我们付出的社会成本增多了。如果用“和”的加减逻辑思考，你买别人的碳排放权的时候，这个价格体系就由你缓慢地控制，慢慢地，贡献碳排放权的人越多，可以买到碳排放权的人就越多，这时候你就可以缓慢退出市场，获取技术进步，从而得到成长。如果别人进行技术研发，那你就买他的碳排放技术。总之，就是把它加和起来，而你只需要通过一个买卖通道和方法去完成这件事。

“和”不仅可以做加减法，也可以做乘除法。比如，即使按中国每人每天有0.1吨的碳减排的贡献计算，乘以14亿的人口，总量也是很大的。我们要学会用这个逻辑来思考问题。

新能源汽车的收入无疑来自汽车销售价格的总成本与总收

益之间的差价。但当它做了减排贡献以后，就会有另一部分收入，这部分收入就是别人购买它的碳排放权的收益。这样，新能源企业就多了一个收益渠道，多了一个收益维度。我们按照这种数学逻辑思维思考下去，包括每天的出行步数和用车、每一天吃的东西、一个企业的每一种原材料、每一颗螺丝钉，把这些事物的颗粒度放小，然后集合起来，这就不仅是一个加的逻辑，还通过微积分将产业链连接了起来，这样你的消费行为就可以线性化，颗粒度就可以通过技术的颗粒度、消费行为的颗粒度、生产的颗粒度、产业的颗粒度表现出来。

在市场当中所有做正向贡献的人都会有一个新的收入来源。过去的成本收益核算没有将碳排放收益包括在内，现在多了一个收益渠道，甚至碳排放贡献的绿色收益超过了本身产品的收益。具体到经营中，就会提高自身发展的速度，“和”的力量就会增大。当人们普遍认同这个价值和力量的时候，它就有机会发展。把“和”理解了，才可以让正的和负的进行交易，才可以把小的和大的聚在一起，才可以让该退出的线性缓慢地退出，该成长的线性缓慢地成长。“和”的另一个重大贡献是，调动碳交易市场的价格和积极性。全国碳交易市场首个交易日，碳配额开盘价为每吨49元，收盘价为每吨51.23元。中国作为碳排放大国，我们完成“双碳”目标任务的时间比历史上任何一个国家都要短。我们要用“和”的思想去看待碳交易过程中碳排放权价格的提高，价格高了才能有无数人去做贡献，才能让人买到碳排放权。全球普遍的碳排放交易市场的价格是50~60美元，如果我国的价格超过60美元，甚至达到100美元的时候，我们就需要调动更多的力量，那么可交易的东西就会更多、更有效。所以“和”是调动碳交易市场价格、规模、数量的关键。

“双碳”目标的深远影响

“双碳”目标如此宏大，对中国的经济、国人的生命价值、地球的社会责任，以及产业链的影响深远。

要完成这个目标，就需要找到一条途径，除了政府层面的税收的惩罚和鼓励，还有市场渠道。全国碳交易市场汇聚了全国2000多家主要的碳排放企业，他们都有大量的碳排放的产业链在运行。但是从碳排放权交易价格来看，目前企业参与度明显不够，碳交易市场的价格发现功能没有得到发挥。所以不仅是发电企业、煤炭企业，还有用电大户，只有这个链条中的参与方都参与了，大家贡献的加和力量才会更大。

这是我们的第一个价格发现、价格功能。价格越高，调动的力量就越大；调动力量越大，人们的社会贡献越大，买到碳排放权的可能性就越大，市场发展就越均衡。

一次交易完成以后，如果假定所有该买的份额都买到了，该卖的份额都卖出去了，交易量形成以后，结果就是促进碳排放走向碳中和，实现资源的有效配置。投资机构也会瞄准这个方向，碳排放额度在市场上卖出就是收益，收益越高，价格越高，吸引的社会资本就会越多。因为很多企业如果不买别人的份额，就没办法生存。购买付出的价格越高，成本就越高，就会促使企业不断改善现状，改进技术和发展方向。交易背后蕴含的是资源配置的逻辑，它不仅是现有资源配置的静态逻辑，更多的是资本进入以后动态逻辑当中的均衡机制。

从更广阔的社会视角来看，多家机构预测，中国要完成“双碳”目标，需要100万亿元的投资，这只是其中的一种算法，最高算法给出了500万亿元的估值。以100万亿元为例，平均到每年为3万~4万亿元。那么这3万~4万亿元从哪里来？如果是从碳中和的交易中来，就能让为碳中和做贡献的人挣钱，交易的价格高，所有做出贡献的人的收入就会增长，这个时候全社会的资本就调动起来了。

在此基础上，如果利用金融工具通过证券化进行融资，将更多的资本投入低碳零碳的新产品中，金融就找到了新的投资风口，而且这样调动的社会资本总量和社会投资总量会大大增长。

最终，“双碳”目标的实现、所调动资源数量的增长、市场均衡性全部可以达到。碳交易市场的关键是一套价格发现、资源配置、风险管理的机制设计全都完成以后，基于个人的贡献给予其相应的激励和回报。所以碳中和的“和”变成了市场交易，可以发现价格并进行资源配置，从而调动一切可以调动的金融资本去投资。

在配置的逻辑上，资源配置要均衡，价格发现要均衡，一切市场化的逻辑基于此而构建，这就是“和”的制度性作用。

碳市场的信用问题

在碳交易市场上中国已经有了好的开始。之前由于试点的范围比较小，没有起到行之有效的市场化作用，也没有发挥“和”的机制作用。现在，我们将碳交易市场范围扩大到全国，加快它的发展步伐，形成更好的制度以得到大家的认同并发挥其作用，这样才可以充分发挥“和”的机制作用。再加上碳税和碳排放的社会管理，“双碳”目标就能在充分调动社会资源的基础上尽快实现。目前，世界上已经有了关于碳排放的规则体系和行业标准。中国要完成这么庞大的任务，标准体系应该怎么构建？中国应该吸取现有的经验，用其所长，避其所短。

首先是建立碳交易市场标准体系。其次是建立标准体系后进行信用评级和信用评估。

碳信用不仅要有标准体系和信用体系，还要有公正客观的检测评估机构，不仅需要市场中的所有参与主体认可，还需要被全球市场认同接纳。只有大家一致认可交易规模和数量，才能完成上述计划，并在此基础上进行奖惩的价格发现。

在这方面，中国还需要积累数据和经验，要保证市场的服务能力和质量可以有效性促进它的健康发展。学者、标准制定的行政机构、第三方服务公司、信用评估、技术、物联网、互联网，都要跟上这个市场服务体系的发展和成长脚步。因为中国碳减排的时间短、任务重，所以标准要更严，质量要更高，这样才可以跨越时间的鸿沟按时完成任务。如果完成得好，树立起良好的信用、规范性的制度及有效的标准，就可能被别人学习或采用，从而拓展市场和影响力。

笔者需要强调的是：如果没有这种机制，或者这种机制只是在地方层面建立，或者即便在全国层面建立，在规模和标准还没有成熟制度化、逻辑化的时候，也调动不了那么多的社会资源，形不成广泛的社会参与，完成不了资源配置、价格发现和解决社会问题的有效制度的构建和实施，这才是问题的核心所在。所以，要尽快推动这一整套制度向高质量、高效率、高标准快速迈进。

碳交易市场对社会的责任

如果把碳交易市场当中的任何一次减排都看成是对社会的贡献，都可以得到有效合理的补偿，那么“双碳”的宏观目标便可以分解为微观主体、微观机制，它动态地激励每个企业、每个金融机构再推出微观的激励措施。另外，如果仍有高碳排放存在，那高碳排放者则需要从碳排放交易中购买配额，加大其社会成本和投资成本。

基于微观激励、微观交易的市场化逻辑，微观机制中涉及高技术、高商业场景的部分，要尽快出台社会公认甚至是全球公认的标准体系，使得所有人都能在这个不断壮大的交易市场中成长和盈利，出现无数个“卖碳翁”。这亟须社会每一个微观参与者积极参与、积极构建，使其变成社会共识。

市场标准体系构建起来以后，交易市场的金融产品及其估值、服务，碳信用、碳交易、碳价格、碳服务、碳尺度、碳检测也都全部完成，即意味着碳交易市场的金融服务制度建立完成，随后会吸引大量投资。当我们在碳交易的一级市场有了直接融资的庞大的市场、资本的流动、资本的投资，在二级市场中也就有了全社会资本的再选择、再流动、再配置，从而促进社会从权益资本的角度不断地向高效率、创新、进步、成长去发展。

所以，我们现在并不缺资本，缺的是行之有效的制度，同时需要强调“和”的思想。我们推出碳中和的金融逻辑，本质在于有效运行碳排放交易权市场，并将金融逻辑渗透和运行到碳中和目标实现过程中每一个参与主体的行为中。如果每个中国人在实现“双碳”目标的过程中都能尽自己的绵薄之力添砖加瓦，即是不辜负时代和党给予我们的重托。

对于资源型地区的基层工作中的“双碳”工作的看法和指导

过去我国的一些地方依靠煤炭、天然气开采在市场上获得了成长，有的地区甚至被叫作“煤都”。随着“双碳”目标的确立，这些高碳产业未来的需求量将慢慢缩减。曾经的高收益、高利润将逐渐消失，甚至重资产将慢慢转变为轻资产。那么这些资本应该流向哪里？当然是流向减排、低碳领域中的优势产业。陕西的一家企业——隆基股份一直致力于研究和推进光伏能源的普及与应用，并充分利用大西北的自然资源，在戈壁滩进行了光伏和风能产业的布局。如果能抓住这样的转型机会，把前期高碳领域积累的资产投入低碳领域，将再次收获低碳领域带来的高回报率。所以，对于资源型地区来说，产业转型不仅是一个由地下向地表的切换过程，还是由重资源资产向重技术资产的切换过程。

运用碳达峰、碳中和理念来处理新能源电池的污染问题

新能源电池采用光伏技术，其用电是没有污染的，但是如果它的原材料或者自身生产过程中的用电不是绿色低碳的，它依然会带来高耗能和废气污染，对此我们可以用不同的方法去解决。

如果新能源电池可以像循环经济一样，更新换代后“退下来”的电池可放到另一个场景使用，另一个场景不再使用时，就把电池进行拆解，材料全部回收，这样污染物就不会排放到环境中，自然就减少了污染。如果在电池的生产过程中就直接采用绿色低碳的电生产设备和材料，那更是一劳永逸了。所以，

市场可以有各种方法和手段去解决这样的问题。

宁德时代的市值是否是泡沫

如果2035年以后所有的化石能源车都退出市场，现在每年以100万~200万辆速度增长的新能源汽车的数量将呈爆发式增长，而新能源汽车都会用到电池。现在最好的车企都在使用宁德时代的电池，未来它的电池需求量有多大不可估测。随着它的规模扩越大，成本就会越低，收益就会越高，股价就会上升。目前宁德时代的市值已经超过10000亿元，虽然很多人认为这其中有证券市场的投资泡沫在作祟，但是宁德时代的股价持续上涨是事实。

宁德时代股价的一路高歌是否是泡沫幻影，现在不得而知，因为毕竟市场还没有进行大幅回调。即便是2021年初市场回撤时，也只大概回撤了20%，后续的上涨仍超过了前期的高度。

国内“双碳”目标的提出对于企业和金融机构的影响

对企业来说，如果在技术发展上能够迅速进步，就能获得技术的绿色进步收益；如果在商业模式上能够找到新的突破口，就可以促进企业发展和进步。

对于金融机构来说，关键是在促进碳市场交易过程中，能不能将金融工具渗透其中，让其他投资人通过金融工具参与其中，获得最大的成长，这才是金融机构能做出的最大贡献。

比如发行一只基金，投资时应该将更多的资金投向减排效率最好的市场。比如在公募基金中，投资者以减排公司为投资对象时，在投资者的技术能力和商业规模扩展效应最强的时候，把大众的投资、公募基金的投资人、私募股权中LP的投资跟低碳、减排、ESG全部连接起来，既把金融资本吸引到了“双碳”目标中，让投资人获得回报，又让管理人获得了市场的名声，同时获得了资产的收益增长，这就是我们交易市场、金融市场的价值所在。具体到银行，如果银行销售的信托产品、公募基金恰好是低碳、减排的，那也可以分享这一部分的回报。

对于保险行业，要将绿色元素纳入保险体系中，特别是绿色健康保险。如果未来环境大幅改善，买健康险的人患病率降低，赔付也就少了，那就盈利了。这就是保险公司的投资逻辑。

“双碳”目标对普通百姓生活的影响

其一，如果大家以一种理性的态度去看待“双碳”问题，自己的行为就会发生变化。比如现在人造牛肉好吃，大家便不会坚持非得要吃牛肉。关键是企业会在满足用户口味的基础上，提供更好的选择。其二，每一个人的细微行动加和起来，就可以变成碳收益，也就是碳信用的微量元素可以积累，积累的碳信用可以去兑现，还可以当资产去抵押，甚至还可以购买和兑换其他产品，这样收益将显著提高。

能源和建筑行业等高耗能的行业，实现“双碳”目标的路径

能源行业实现“双碳”目标的路径相对清晰，用分布式的自然能源替代化石能源已成未来趋势。比如，电池中会用氢等绿色低碳的能源材料。建筑行业方面，“双碳”目标贯穿建筑业全过程，将带来全产业链的深刻变革，建筑材料生产、建筑规划设计、施工建设、装修拆除等全产业链流程都需要注重节能减排。从零碳建筑入手，再到零碳城市，但是零碳城市的难度要比零碳建筑大得多，因为城市还涉及道路、公园、工厂等各个方面。

如果取暖、做饭全部都用光伏电，那么很快便会发生翻天

覆地的变化。就材料而言，每一块砖都可以是一个能源的卖出，也可以是一个能源的买入，可以把它做成交互式的。每一块砖在搭建过程中，都会涉及能源系统、电力系统、水能系统，如果可以把每一栋建筑的材料在每个环节都变成一个技术节点、一个商用节点、一个交互节点、一个交易节点，那就厉害了。

所有电脑都有一个备份的SUB系统（图形格式字幕），如果在能源方面也能做一个电的存储备份，同时变成一个电的销售，通过360度的交互就可以提高排放用电的数量和逻辑。产业的“赛道”越长，原有的规模体量越大，这个“赛道”中由技术、商用、市场覆盖产生的绿色收益规模就会越大。

这就是大家为什么把能源、交通、建筑看作碳减排的几个主要方向，因为在过去的“赛道”中它们的市场规模太大。

高碳产业比如说煤炭没有新的投资，是不是只能靠涨价来平移需求的增长？虽然光伏的发展很快，但是基数比会造成市场短期内对原有的高碳生产要素的高度依赖。

上文第一个问题中的价格逻辑一定是短期逻辑。首先，如果价格上涨，PPI能不能传递到CPI中去？如果消费者全部都理性了，未必能全部传导。其次，只要涨价，替代供给能力就会快速提升。所以PPI大宗商品价格涨价一定是短期的爆发性现象，而不是持续的现象。正因为是短期现象，如果它表现的是目前的高碳领域中企业的利润成长，利润成长表现为股价的上涨，对于大众投资人来说，是不敢贸然跟进的。

在“双碳”目标下金融机构发力于绿债市场的现状和前景

目前中国的全球绿债占比持续增长，如果按照碳中和的目标发展，整个债券市场中绿债占比会逐渐提高。而中国是一个债券大市场，不同的金融工具、金融市场适合不同的发展阶段，过去在工业化和城市化进程中的大量债券需要转为绿债完成债券的置换。因为中国过去债务市场的规模庞大，绿债占比还会迅速提升，并且趋势不可逆转。

加速新能源车市场化是否会造成产能过剩

以合肥为例，市政府引入了造车新势力以后，并不是把所有的资源都用在生产新能源汽车上，而是把原来的传统车和生产其他车的力量结合起来，共同生产。比如蔚来汽车就是一边生产自身品牌的汽车，一边替其他企业代工。这样产能不仅不会过剩，还会改造原来的产能，甚至会加速更新传统产业链。

需要注意的是，资产越重的产业，技术进行绿色化改造以后，越会让原来的资产变成沉没成本。如果现在设计的产品还是按照原来的技术标准和绿色标准去做，就会锁定成本，将这些成本变成沉没成本。以新能源汽车为代表的产业，走的是轻资产的路径，采用云端化、后台服务收费、托管、委托生产的方式，或者在产业链当中寻找其他领域，越是轻资产产业形成的沉没资产最后变成无效泡沫资产的可能性就越小，这才是在这次改革洪流中资产结构和趋势变化的根本特点。

轻资产时代的技术进步和产品结构与重资产时代的完全不同。创新科技时代，特别是肩负绿色低碳减排社会责任的资产投资，在大量引入新资本后，做的全部是垂直专业细分领域。宁德时代生产整车了吗？它只把电池做好就行。宁德时代里用的材料都是自己生产的吗？不是，它只是把材料集合在一起。每一个专业领域中的企业只需做自己最专业、最垂直细分的产品就好，这些产品是为了满足全球需求，全球需求越复杂，进步越快。手机行业是这样，汽车行业是这样，未来的材料行业也是这样。未来将形成全球化的产业链，再也不是一个工厂、一个企业生产一切产品，这是轻资产促使产业链全球化、全市场化的历史逻辑。这是一个时代很重要的资产结构、产业结构，背后的资本逻辑是资本在这个领域垂直专业地做下去，而不是垄断全部的市场。现在新的绿色减排领域公司有市值达1万亿元人民币的，而且它边际收益的增长速度很快，资产增值以它的收益的增长速度来估值，而不是以它原来占有的资产规模来估值的。过去我们开展资产证券化，现在则是收益权证券化。

分行业同时适用碳市场完全可行

笔者认为，完全可以分行业同时适用碳市场，较多量地用碳市场，较少量地用碳税。不要完全依赖于碳税，因为市场有平滑作用，有交易价值，有函数的连续性。而碳税到底收多少？怎么样使用？碳税并不是要直接交易到具体的贡献者和使用者身上。分布式交易会很快完成资源配置，完成正收益和碳价成本之间的市场分布。而税收则是需要有效地运用它，让它在一定的时期和空间内快速发挥作用。

总结

如果没有制度性保障，特别是外部性的金融交易制度的规范，一个巨大的投资陷阱就会出现在高碳领域，即当所有投资中断以后，现有的生产要素、终端产品，比如像煤炭这种高碳排放量产品，突然之间全部涨价。这是因为缺少短期投资，市场中的短期投资在短增量时就一定会有存量。

如果用简单的投资逻辑去改变这种情况，很多人会觉得这些高碳排放公司利润涨了，纷纷去投它，结果后来利润下跌了，自己就成了“韭菜”。

另一个陷阱是：在没有有效碳排放交易市场的基础上，调动所有金融工具的力量将非常有限。这就需要用传统金融来重塑新的金融，不仅需要有外部性交易的新的制度性金融工作参与，还需要获得社会认同，这也是中国哲学思想“和”的最好体现。

在“双碳”目标提出的时候，就注定了中国要开拓碳交易市场这个制度体系。最开始，碳交易市场只是在地方城市进行试点，收效甚微，并没有完成赋予其的历史性任务。随着全国碳交易市场的建立，碳交易、碳估值、碳金融已经拓展到了全国。有了碳排放权的交易市场，任何一个碳排放，任何一个减排的进步，在技术、商业应用和社会实践过程中，都可以对其进行估值。碳排放高的就增加它的成本，碳减排的就增加它的收益，把这种收益权和成本估值的确定落实在碳排放的交易市场中，当碳排放变成了一种可交易、可盈利、可惩罚、可成本化的行为的时候，人们为了自己的利益，为了快速发展经济，就会自觉推动“双碳”目标，特别是碳中和目标的实现。

笔者希望表达的是：碳排放交易市场能够借助金融制度，满足资源配置、满足资本发现、满足价值发现、满足利益分配、满足市场均衡发展过程中的政府效应的平衡、满足宏观上的目标。让每一个微观主体只要产生了贡献就能获得收益，如果没有贡献就会加大成本，形成一个良性发展的市场机制。

工业化时期有金融制度的供给、有权益市场的供给。环境社会责任的时代，需要把外部性的东西融入金融制度进行估值，碳交易市场恰好符合这种逻辑。现在这个市场已经开启，推动其发展还需要让所有人都参与，调动的因素颗粒度越细越深越好。实现宏大的“双碳”目标，不管是长期来看的100万亿元或者500万亿元的资金投入，还是每年3万~4万亿元的短期资金投入，都需要调动全社会的资本去参与。但是如果将这个数值放在全社会均衡分配的逻辑当中，由市场来完成这个任务可能就会相对轻松些。

所以，我们要尽快把这一整套的服务体系、金融制度及运行逻辑高质量地推行下去，尽早实现，有效实现，发挥它的历史价值。作为这一代人，我们有这样的社会责任，把宏观目标分解成每一个主体的行为，尽快去完成它。

关于碳达峰与碳中和的实施路径思考

姚余栋

- 中国人民银行金融研究所前所长
- 大成基金副总经理兼首席经济学家

《巴黎协定》之后，世界各国陆续就碳排放及温室气体排放的相关目标进行表态，欧盟27国决定在2030年以前加大减排力度，到2050年实现碳中和。拜登政府也宣布美国重返《巴黎协定》。受国际环境的影响，中国政府提出力争在2030年前二氧化碳排放达到峰值，努力争取在2060年前实现碳中和。具体来看，我们计划到2030年国内生产总值二氧化碳排放强度比2005年下降65%以上，非化石能源占一次能源消费比重达到25%左右，森林蓄积量比2005年增加60亿立方米，风电、太阳能发电总装机容量达到12亿千瓦以上。而关于碳中和，在路径的研究中我们通常认为我国所说的“2060年碳中和”指全部温室气体的中和。碳达峰与碳中和目标的设定一方面加快了我国新能源技术的革新，另一方面也对当前中国的经济发展提出了更高的要求。

一、碳中和的意义

工业革命以后，人类的生产活动范围开始扩大，不断增加的制造业活动打破了原有的碳源与碳汇的平衡关系，大量的化石能源的使用推高了大气中二氧化碳的浓度，引发了温室效应，导致了全球气候变暖。如果以1850—1900年全球气温水平为基准，截至2017年，世界平均气温已上升1℃，如果保持每10年上涨0.2℃的趋势，预计2040年全球温升就将达到1.5℃。气候变暖对人类社会经济的冲击将日益严重，而碳减排、碳中和将给人类社会带来长远的收益。

基于全球变暖造成的环境及社会影响，世界各国及组织纷纷就限定气温上升幅度达成共识。《巴黎协定》于2015年12月12日在第21届联合国气候变化大会上通过，于2016年4月22日在美国纽约联合国大厦签署，于2016年11月4日起正式实施。《巴黎协定》正式确立将全球温升幅度控制在2℃以内，并努力限制在1.5℃以内的长期目标，明确缔约方应尽快达到温室气体排放峰值，并在21世纪下半叶实现温室气体净零排放。《巴黎协定》的制定为环境的保护与经济的发展找寻到了一个良好的平衡点，让全球各个国家在发展当前经济的同时也为未来长远的经济发展打下坚实的基础。

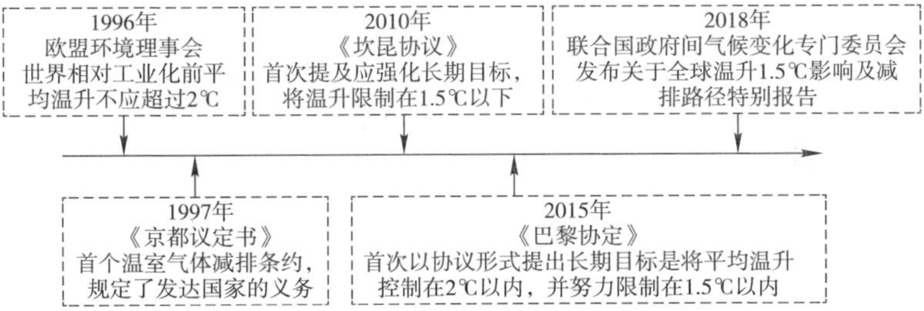

图1 全球温度上升目标经多次协商逐步达成共识

对于中国而言，加入《巴黎协定》并做出碳达峰、碳中和的承诺在国际上有着重要的意义。2019年全球碳排放总量为34169.0 $MtCO_2$，世界前五碳排放地区占比达64.78%。中国的碳排放在2000年后迅速上涨，成为世界第一大碳排放国，占总排放比重的28.76%。作为最大的发展中国家与全球人口最多的国家，中国能否加入《巴黎协定》并在其中起到关键作用对全球碳排放控制尤为关键。2016年4月22日，时任中国国务院副总理张高丽作为习近平主席特使在《巴黎协定》上签字。同年9月3日，全国人大常委会批准中国加入《巴黎协定》，成为完成了协定批准的缔约方之一。这一决定体现了中国的大国气质与负责任的国际态度，作出的碳达峰与碳中和承诺更是树立了良好的国际形象，与后续美国政府的出尔反尔形成了鲜明的对比。

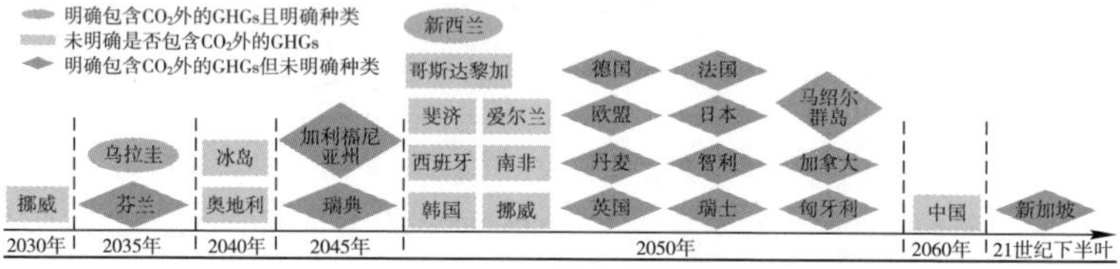

图2　多国提出相应的碳中和目标及实现时间

从国内经济发展角度来看，碳中和目标的提出对低碳低能耗提出了更高的要求，对新能源的研究工作提出了更高的期待。从过去20年的经济发展与碳排放情况来看，我国想要在2060年完成碳中和很大程度上需要依赖技术创新与科技进步，光伏、风电等新能源技术的研发变得尤为关键。可以预见的是，中国未来对于碳中和的重视程度将直接推进相关技术的研究，新能源替代化石能源是碳中和的必经之路，而想要开辟这条道路，国家就要将更多的资金与政策倾注于此，这与中国一直所提倡的科技强国的口号不谋而合。

二、碳达峰的峰值

2020年底，中央经济工作会议再次强调要做好碳达峰、碳中和工作，我国要力争在2030年前实现碳达峰，在2060年前实现碳中和。就当前的目标而言，2030年的峰值设定尤为关键，高峰值会减少前10年经济发展的压力，但未来30年实现碳排放从峰值到零的压力就会增加。反之如果将峰值降低，前10年的经济压力就会增加，后30年的中和压力就会减轻。当前中国的碳排放量居全球首位，远高于欧美等发达经济体，从2019年世界各国碳排放的数据来看，中国碳排放量为98.26亿吨，高于美国的49.65亿吨和欧盟的33.3亿吨。基于基数效应，我们认为当前中国仍处于高质量的中速发展阶段，那么相比于后30年的中和时间，前10年的达峰时间内中国的经济发展要求是更高的，因此我们偏向于将峰值定得相对高一些以保证未来10年中国的经济发展，之后30年的碳中和则需要依靠科技创新与技术进步来实现。

为了对2030年碳排放峰值进行预测，我们使用了考量经济增长与二氧化碳排放情况关系的Kaya公式来估算具体数值：

$$C = P \cdot \frac{G}{P} \cdot \frac{E}{G}$$

此公式是Kaya恒等式，由日本学者Yoichi Kaya（1990）提出，被广泛用于评估对污染排放造成影响的因素，C为二氧化碳排放；P为人口；G/P为人均GDP，也可以代表区域的经济发展程度；E/G为能源强度，也可以代表区域的能源利用效率；C/E为单位能耗二氧化碳排放，反映区域的能源结构。在公式中加入各驱动因素变化率，并考虑时间因素，可以预测出未来的二氧化碳排放：

$$C^t = P^0 (1+r)^t \frac{E^0}{G^0} (1+g)^t \frac{C^0}{E^0} (1+v)^t$$

其中，r、g、v分别代表GDP、能源强度、单位能耗碳排放的年均变化率。这里我们通过对GDP、能源强度、单位能耗二氧化碳排放的未来年变化率的发展情景进行设计，进而推测得到未来中国二氧化碳排放的发展轨迹与2030年的碳排放峰值。2020年碳排放量约为100亿吨，维持当前经济增速与能源强度不变，单位能耗碳排放量逐年降低的情况下，我们预测到2030年碳排放峰值约为120亿吨。虽然这个峰值数会增加后30年的碳中和压力，但我们相信未来中国会依靠技术进步和科技创新来实现目标。因此当前国家的重要任务，应当是继续维持高质量的经济发展，并加大技术创新力度，以为后续的碳中和目标实现提供保障。

三、碳中和所带来的能源变革

2000年后，中国碳排放水平迅速上升，煤炭燃烧带来的碳排放显著高于世界平均水平，且2019年在本国碳排放中占比达71.12%。部门结构上中国与世界情况类似，能源部门占主要比重，但土地利用变化与林业（LUCF）不同于世界总体情况，呈现负值。分析我国实现碳中和的路径，应以能源部门为重点，具体分析煤炭消费流向。因此，要实现碳中和的目标，控制传统能源的使用并转向清洁能源的开发显得尤为关键，虽然这种转变短期内会导致能源价格冲高，但长期来看将推动能源结构的改革。

对于中国而言，电力行业将在碳减排中承担重要作用，碳中和的实现需要依赖能源供给侧与需求侧共同发力。供给侧方面，电力部门高排放占比的现状决定了电力脱碳是能源供给侧脱碳的关键，光伏、风电进而迎来历史性机遇。需求侧方面，能源终端电气化将在碳中和进程中发挥至关重要的作用，工业、建筑及交通部门脱碳均不可避免地需要进行终端电气化（如图3所示）。

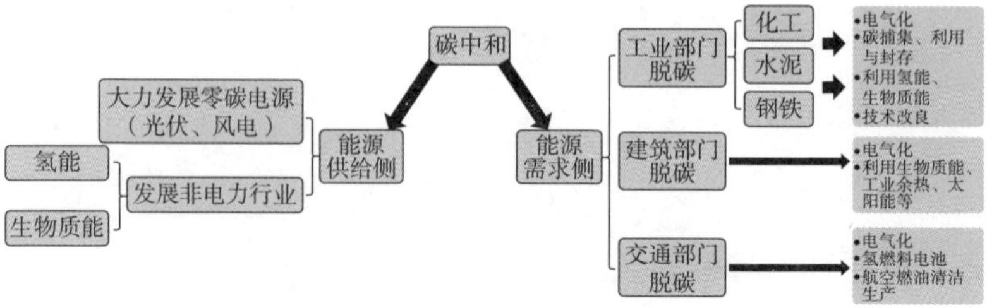

图3　实现碳中和需要能源供求两侧多部门共同发力

2020年中国全社会发电量需求预计为74718亿千瓦时，至2030年，这一数字预计为99615.4亿~122867亿千瓦时，年化增长率为2.92%~5.10%，如果要实现低碳发展，就需要新增电力以非化石能源电力为主，提升非化石能源电力占比。随着电力脱碳的推进，未来碳排放的下降很大一部分需由终端消费电气化来承担。1990年起，我国电气化率迅速提升，截至2018年，已经达到25.19%，远超世界平均水平，仅次于日本。考虑到能源效率提高，中国终端能源消费将先增后降，2050年终端电气化率将超过50%。

此外，风电与光伏发电将为电力清洁化进程提供重要支撑。根据《全国水力资源复查成果》及中国核能行业协会等的数据，在各种非化石能源中，水电、核电、生物质发电等开发潜力均受限，而风电和光伏发电的可开发空间巨大。我国未来必然要依靠风电和光伏发电来进一步提升非化石能源电力占比，以完成2030年非化石能源占一次能源消费量比例达到25%的目标。从当前的情况看，2019年新增风电、光伏发电量占全社会新增发电量的比例为26%，其中风电、光伏发电分别占比12%、14%，预计2025年风电光伏发电累计占比将达71.42%，其中光伏发电、风电分别占比38.49%、32.75%，2029年后光伏发电、风电装机将进入存量渗透阶段。

根据美国NASA的研究，每平方米的沙漠每年接收的太阳能为2000千瓦时到3000千瓦时。未来，我们可以设想在塔克拉玛干沙漠铺设光伏板，然后利用高压电缆将电能输送至全国各地，那足以让1000瓦的电器使用3000小时，按照我国家庭年均用电量6000瓦来计算，2平方米沙漠就能满足一个家庭一年的用电量。以此计算，如果可以将塔克拉玛干沙漠铺满光伏板，就可以满足全国家庭的供电需求。

四、碳中和的经济展望

对于中国未来的经济发展，我们认为应该推进不同地区有序实现碳达峰，对于有能力的省份和地区，鼓励在2030年前先达峰，对于部分能源大省，合理安排达峰进程以缓解碳达峰对其产生的经济冲击。

当前国内碳中和的工作尚处于起步阶段，还缺少对于碳达峰峰值的制定与路径的规划，对相关部门来说还有很多的工作要做。但可以看到，自2020年底中央经济工作会议提及碳中和以来，其对于市场与宏观经济的影响已经逐步显现。碳中和势必会对中国经济造成一定程度的冲击，这也是美国政府选择退出《巴黎协定》的原因。碳中和的实现必然需要减少煤炭的开采甚至关闭部分煤炭企业，基于古诺模型的推论，不难发现随着煤炭企业的合并，煤炭供给也会相应减少，对于能源市场而言，供给的收缩会在一定程度上推高以煤炭为首的不可再生能源的价格。从2021年初开始，大宗商品的价格便不断上涨，一方面是由于海外原材料价格的提高，另一方面是碳中和已经开始逐渐推高煤炭等不可再生能源的价格。从当前的经济环境来看，我们认为未来能源的价格还会维持在一个比较高的位置；长远来看，只有真正完成了能源结构改革，新能源基本替代了传统能源，能源价格才能有明显的下降。